Frühförderung blinder Kinder

Grundlagen für die Arbeit mit blinden Kindern und ihren Familien

Klaus Sarimski & Markus Lang

Frühförderung blinder Kinder

Grundlagen für die Arbeit mit blinden Kindern und ihren Familien

Klaus Sarimski & Markus Lang

Reihe: bentheim:praxis

Band 1

Reihenherausgeber: Dr. Michael Weis, Dr. Wolfgang Drave

edition bentheim

Würzburg 2020

Bibliografische Information der Deutschen Nationalbibliothek

Die Deutsche Nationalbibliothek verzeichnet diese Publikation in der Deutschen Nationalbibliografie; detaillierte bibliografische Daten sind im Internet über http://dnb.dnb.de abrufbar.

1. Auflage, Erscheinungsjahr: 2020

ISBN (Print): 978-3-948837-00-6

ISBN (E-Book): 978-3-948837-01-3

DOI: 10.36195/978-3-948837-01-3

Barrierefreier Satz: blista Marburg

Coverdesign: Ulrike Pichl (Werbeagentur wildweiss GmbH)

Lektorat: Dr. Michael Weis

Ohmstraße 7, D-97076 Würzburg

www.edition-bentheim.de

Danksagungen

Die Veröffentlichung dieses Buches wurde durch die finanzielle Unterstützung der Blindeninstitutsstiftung Würzburg ermöglicht.

Die Umsetzung der Barrierefreiheit erfolgte mit freundlicher Unterstützung der blista Marburg.

Vorwort der Reihenherausgeber zur (barrierefreien) Schriftenreihe bentheim:forschung

Die edition bentheim ist ein Geschäftsteil der gemeinnützigen Johann Wilhelm Klein-Akademie GmbH. Der Fachbuchverlag wurde 1985 von Dr. Wolfgang Drave in Würzburg gegründet. Die Ergebnisse eines Forschungsprojekts zur Integration blinder und sehbehinderter Kinder waren die Inhalte der ersten Veröffentlichungen. Die edition bentheim wurde nach dem Gründer der Blindeninstitutsstiftung, Graf Moritz zu Bentheim-Tecklenburg-Rheda benannt.

bentheim:praxis ist die erste barrierefreie Schriftenreihe der edition bentheim. In ihr sollen Arbeiten aus dem Handlungsfeld der Pädagogik bei Blindheit und Sehbehinderung sowie der Pädagogik bei Taubblindheit/Hörsehbehinderung veröffentlicht werden, die sich durch einen hohen Praxisbezug auszeichnen, ohne dabei die Theorie zu vernachlässigen. Mit der Reihe wird das Gründungsziel unseres Verlags aufgegriffen: In der edition bentheim sollen Bücher erscheinen, „die weiter helfen". Neben fachlich renommierten Autorinnen und Autoren soll die Reihe insbesondere auch Praktikerinnen und Praktikern eine Plattform geben, aktuelle Impulse aus dem eigenen beruflichen Alltag einer breiteren Öffentlichkeit zugänglich zu machen.

Neu ist, dass alle Publikation der Reihe zum einen als gedrucktes Print-on-demand-Buch und zum anderen als barrierefreies E-Book erscheinen. Im Sinne der Inklusion und des Universal Design war es uns dabei wichtig, bei der Produktion der Bücher kein separates Format für blinde und sehbehinderte Leserinnen und Leser zu entwickeln. Stattdessen wollten wir unsere die Bücher, die bislang nur Menschen ohne Einschränkungen im Sehen zugänglich waren, so aufbereiten, dass keine oder nur wenige Hürden die Lektüre erschweren oder verhindern. Hierzu zählen u. a. eine barrierearme Schriftart in ausreichender Schriftgröße beim gedruckten Buch sowie die allgemeinen Chancen, die ein E-Book bietet (Vergrößerung, Nutzen eines Screen-Readers, etc.). Möglicherweise geht die Umsetzung mit kleineren Kompromissen für alle Zielgruppen einher, wir glauben aber (und freuen uns darüber), dass uns die Umsetzung insgesamt gut gelungen ist.

An dieser Stelle wollen wir uns zum einen bei der blista Marburg für die umfangreiche Unterstützung (sowohl inhaltlich-fachlich wie auch personell-finanziell) bei der Umsetzung der Barrierefreiheit sowie der Entwicklung einer barrierefreien Formatierungsvorlage für unsere Autorinnen und Autoren bedanken. Zum anderen gebührt unser Dank der Blindeninstitutsstiftung Würzburg, die die initiativen Entwicklungskosten für die Umsetzung des barrierefreien Buchsatzes großzügiger Weise übernommen hat.

Wir wünschen Ihnen eine spannende Lektüre!

Dr. Michael Weis und Dr. Wolfgang Drave

Herausgeber der Schriftenreihe

Inhaltsverzeichnis

Vorwort

Blinde Kinder weisen mehr Gemeinsamkeiten als Unterschiede zu Kindern mit unbeeinträchtigtem Sehvermögen auf. Sie suchen soziale und emotionale Unterstützung bei ihren Bezugspersonen, sind auf gute Beziehungen zu ihren Eltern, den Mitgliedern ihrer Familie und anderen Kindern angewiesen, brauchen Gelegenheiten, um ihre Wünsche und Bedürfnisse mitzuteilen, sich aktiv am Alltag in ihrer sozialen Umgebung zu beteiligen und zu selbstbewussten, zufriedenen kleinen Persönlichkeiten zu werden. Weil ihnen das Sehvermögen als Zugang zur Welt fehlt, müssen sie jedoch ihre Fähigkeiten teilweise auf anderen Wegen erwerben als sehende Kinder. Damit ihnen dies gelingt, sind sie auf eine Anpassung der Umgebung an ihre Bedürfnisse und auf spezifische Unterstützung durch ihre Eltern und weitere Bezugspersonen angewiesen.

Die wesentlichen „Entwicklungshürden" blinder Kinder bestehen in der Entwicklung der frühen sozialen Interaktion und in der sozial-emotionalen Entwicklung, im Erwerb feinmotorischer und lebenspraktischer Fertigkeiten sowie im Erlernen der Orientierung und Mobilität im Nahraum und in der weiteren Umgebung. Zudem zeigen sich Verzögerungen und qualitative Besonderheiten in der grobmotorischen Entwicklung, in der kognitiven Entwicklung und im Spielverhalten. Darüber hinaus kommt es häufiger zu Verhaltensbesonderheiten, die als Auswirkung des fehlenden Sehvermögens zu verstehen sind (Hecker, 2004). Blinde Kinder und ihre Eltern sind deshalb auf die Unterstützung durch Fachkräfte angewiesen, die mit diesen Besonderheiten der Entwicklung blinder Kinder vertraut sind. Sie finden sie in speziellen Frühförderstellen für sehbehinderte und blinde Kinder.

Diese Fachkräfte brauchen Fachkompetenz und Erfahrung für die Arbeit mit blinden Kindern im Säuglings-, Kleinkind- und Vorschulalter sowie ihren Eltern. Dieses Buch soll ihnen Grundlagen für diese Arbeit vermitteln. Es ist dabei konsequent einem familienorientierten Ansatz verpflichtet, d.h. die Frühförderung richtet sich nicht nur auf die Förderung einzelner Kompetenzen des Kindes, sondern hat zum Ziel, die Bedürfnisse der Familie als Ganzes zu berücksichtigen und die Beziehungen des Kindes in seiner Familie und in seiner sozialen Umwelt zu stärken.

Nach einigen Sachinformationen zu Formen und Ursachen von angeborener Blindheit und einer Beschreibung der Kernmerkmale familienorientierten Arbeitens in der Frühförderung geht es uns um zwei Ziele:

1. Die Fachkräfte sollen einen Überblick gewinnen über das Wissen, das zum Belastungserleben von Eltern blinder Kinder und dem Gelingen des Bewältigungsprozesses in Familien vorliegt, in denen Kinder mit Behinderungen aufwachsen. Dieses Fachwissen soll sie sensibilisieren für die Ansatzpunkte, wie Familien wirksam unterstützt werden können. Dabei sollen auch spezielle Herausforderungen angesprochen werden, auf die die Fachkräfte in Familien mit Migrationshintergrund und in Familien mit komplexen sozialen Belastungen treffen können.
2. Die Fachkräfte sollen darüber hinaus einen Überblick gewinnen über das Wissen, das zu den Auswirkungen von angeborener Blindheit auf die Entwicklung von Kindern in den verschiedenen Bereichen vorliegt. Dieses Fachwissen soll ihnen für die Planung von Förderzielen, die Entwicklung von Strategien der Unterstützung des Kindes und die Beratung der Eltern von Nutzen sein. Dabei sollen auch spezielle Probleme bei der Diagnostik und Prognose des Entwicklungsverlaufs, beim Umgang mit Verhaltensauffälligkeiten und bei der Unterstützung von Kindern mit komplexen Förderbedürfnissen angesprochen werden, bei deren Blindheit in Verbindung mit zusätzlichen Behinderungen auftritt.

Die Grundlagen, auf die sich die Fachkräfte in der Frühförderung blinder Kinder stützen, sollten nach unserer Überzeugung an dem Stand der aktuellen Forschung orientiert sein. Ein umfassender Überblick über den Stand der empirischen Forschung zur Entwicklung blinder Kinder mit einer differenzierten Diskussion der unterschiedlichen Befunde und der methodischen Probleme bei ihrer Interpretation würde jedoch am Interesse der Fachkräfte vorbeigehen, die mit der Praxis der Förderung betraut sind. Wir haben uns deshalb zu einem Mittelweg entschlossen: Wir geben nur dort konkrete Informationen zu einzelnen Studien, wo es uns wichtig erschien, damit die Leserin und der Leser einen Eindruck gewinnt, auf welcher Datengrundlage die Aussagen gemacht werden, und fügen darüber hinaus kurze Beschreibungen zu eigenen Forschungsarbeiten ein zu Forschungsfragen, mit denen wir uns in den letzten Jahren beschäftigt haben. Sie sind in enger Zusammenarbeit der Fachbereiche „Frühförderung" (K. S.) und „Sonderpädagogik im Förderschwerpunkt Sehen" (M. L.) entstanden – eine Zusammenarbeit von Psychologie und Sonderpädagogik, die sich aus unserer Sicht als fruchtbar erwiesen hat, aber natürlich nur ausgewählte Themen bearbeiten konnte und keinen Anspruch erhebt, damit das gesamte Arbeitsfeld der Frühförderung blinder Kinder in der Forschung abzubilden.

Schließlich sei darauf hingewiesen, dass es auch nicht unsere Absicht ist, in diesem Band eine vollständige Sammlung von Übungsvorschlägen und Materialien zusammenzutragen. Differenziert ausformulierte Beobachtungsinventare als Basis zur Entwicklung von Übungen und Anregungen für Spiel- und Fördermaterialien sind unter dem Titel „Entwicklungsbeobachtung und –Förderung blinder Klein- und Vorschulkinder" (Brambring, 2007) und mit dem „Beobachtungsbogen für mehrfachbehinderte Kinder" (Nielsen, 2002) in deutscher Sprache gut zugänglich. Im englischen Sprachraum werden z.B. das „Oregon Project Skills Inventory" (Anderson et al., 2007), das Buch „Reach out and teach: Helping your child who is visually impaired learn and grow" (Ferrell, 2011), das "Developmental Journal for Babies and young Children with visual impairment" (Salt & Dale, 2017; https://councilfordisabledchildren.org.uk/help-resources/resources/updated-developmental-journal-babies-and-young-children-visual-impairment) und das auf den Elementarbereich übertragene Expanded Core Curriculum (Greeley & Doyle McCall, 2018) häufig als Arbeitsgrundlage für die Praxis der Frühförderung verwendet.

Der hier vorgelegte Text soll diese strukturierten Förderprogramme nicht ersetzen, sondern ergänzen, indem er die Prinzipien familienorientierter Frühförderung mit den entwicklungsbezogenen Fragen der Eltern und pädagogischen Fachkräfte in Kindertagesstätten verbindet, die im Mittelpunkt stehen, wenn es um die Förderung und soziale Teilhabe von blinden Kindern geht. Selbstverständlich kann ein solcher Text auch keinen Tagungsbesuch der „Arbeitsgemeinschaft Frühförderung" des Verbandes für Blinden- und Sehbehindertenpädagogik e.V.

(VBS) ersetzen und erst recht keine Weiterbildung in der Praxis der Frühförderung, wie sie seit Jahren vom VBS und der Johann-Wilhelm-Klein-Akademie angeboten wird. Aber wir hoffen, dass unser Buch auch den Teilnehmerinnen und Teilnehmern dieser Fortbildungsangebote von Nutzen ist.

Klaus Sarimski & Markus Lang

1 Rahmenbedingungen der Frühförderung

1.1 Ursachen und Formen von Sehbeeinträchtigungen

Sehbeeinträchtigungen umfassen ein weites Spektrum von Sehproblemen und Schweregraden. Unter medizinischen und sozialrechtlichen Gesichtspunkten wird der Schweregrad einer Sehschädigung mittels eines Quotienten angegeben, der die Sehschärfe des Kindes im Vergleich zur Sehschärfe eines normalsichtigen Kindes beschreibt. Von einer hochgradigen Sehbehinderung spricht man, wenn die Sehschärfe ≤ 1/20, von Blindheit, wenn sie ≤ 1/50 des Normwerts beträgt. Das bedeutet, dass das betreffende Kind einen Gegenstand, der einen Meter entfernt ist, in etwa so erkennen kann wie ein normalsichtiges Kind einen Gegenstand erkennt, der 20 bzw. 50 Meter entfernt ist. Auch bei einigen Kindern, die nach diesen Kriterien als blind klassifiziert werden, kann somit die Fähigkeit zum Wahrnehmen von Hell-Dunkel-Unterschieden oder von großen und kontrastreichen Gegenständen und Personen (ohne sie im Detail zu erkennen) gegeben sein. Für die pädagogische Einschätzung einer Sehbeeinträchtigung und insbesondere für die Planung von Förder- und Unterstützungsmaßnahmen ist neben der augenärztlichen funktionellen Sehprüfung (z.B. Visustest, Gesichtsfeldmessung, Messung von Augeninnendruck, Prüfung der Intaktheit von Netzhaut und Linse) die funktionale Überprüfung des Sehvermögens von zentraler Bedeutung. Hierbei werden unter Alltagsbedingungen Messungen der Sehschärfe (Nähe und Ferne) vorgenommen sowie mit Hilfe spezifischer Test- und Beobachtungsverfahren Informationen zur Farbwahrnehmung, zum Kontrastsehen, zum Vergrößerungsbedarf, zum räumlichen Sehen oder zur Orientierungsfähigkeit gesammelt.

Bei einigen angeborenen Fehlbildungen des Auges kann das Sehvermögen sehr stark beeinträchtigt sein bzw. vollständig fehlen. Im Falle einer Anophthalmie oder Mikrophthalmie ist ein Augapfel gar nicht oder zu klein angelegt, bei einer Hypoplasie des Opticus-Nerven ist die Nervenverbindung zwischen dem Auge und den entsprechenden Hirnarealen unzureichend ausgebildet. Bei einem angeborenen Katarakt liegt eine Schädigung der Pupille oder Iris vor. Bei einer

Retinopathie kommt es zu einer Ablösung der Netzhaut. Sie gehört zu den häufigsten Komplikationen bei sehr unreif geborenen Kindern mit einem Geburtsgewicht unter 1000g und kann auch bei frühzeitiger (Laser-) Behandlung (Cryotherapie) nicht in jedem Fall verhindert werden. Bei diesen Formen handelt es sich um periphere Sehschädigungen. Eine zentrale (cerebrale) Sehschädigung (CVI) – früher als kortikale Blindheit bezeichnet – kann beispielsweise durch einen peri- oder postnatalen Sauerstoffmangel oder eine andere Hirnschädigung (Hydrocephalus, Periventrikuläre Leukomalazie, Schlaganfall, unfallbedingte Hirntraumata) und eine damit einhergehende Schädigung der Verarbeitungsstrukturen für visuelle Informationen in der Großhirnrinde oder in den weißen Strukturen der Hirnsubstanz bedingt sein, die die Ventrikel umgeben. Zentrale Sehschädigungen können in Verbindung mit einer Cerebralparese, einer Epilepsie oder einer intellektuellen Beeinträchtigung auftreten.

Sehbeeinträchtigungen können statisch oder progredient sein. Zu den progredienten Krankheitsbildern gehört z.B. die Retinopathia Pigmentosa, bei der das Sehvermögen im Laufe der Kindheit oder Jugend bis zur vollständigen Erblindung nachlässt. Beeinträchtigtes Sehen kann Teil eines übergeordneten Syndroms sein, bei dem auch andere Organfehlbildungen vorliegen. Sie kann auch mit einer Hörbehinderung assoziiert sein, z.B. beim CHARGE-Syndrom und beim (progredienten) Usher-Syndrom. Beim Albinismus liegt anlagebedingt ein Mangel an Pigmenten in den Augen, der Haut und den Haaren vor, welche ebenfalls mit einer Sehbeeinträchtigung verbunden ist.

Die Prävalenz des Auftretens von Blindheit liegt nach den Angaben von Walthes (2014, 133) bei 0.021%; für Sehbehinderungen gibt sie eine Auftretenshäufigkeit von 0.247% an.

Diese Prävalenzangaben bedeuten, dass in Deutschland pro Jahr mit knapp 2000 Kindern mit Sehbehinderung und über 150 Kindern gerechnet werden muss, die von Geburt an blind sind. Es handelt sich somit um eine zahlenmäßig relativ kleine Gruppe von Kindern, deren Frühförderung jedoch besonderer Expertise bedarf.

In einer repräsentativen englischen Studie („British Childhood Vision Impairment Study") wurden Daten zu 439 Kindern ausgewertet, bei denen eine schwere Sehbehinderung oder Blindheit im Jahre 2000 neu diagnostiziert wurde. Diese Daten geben u.a. Hinweise auf die Häufigkeit von zusätzlichen Behinderungen und den Zeitpunkt der Diagnosestellung. 77% dieser Kinder wiesen weitere sensorische, motorische oder kognitive Beeinträchtigungen auf (Rahi et al., 2010). Bei 277 Kindern (66%) wurde die Diagnose einer hochgradigen Sehbehinderung, bzw. Blindheit im ersten Lebensjahr gestellt.

In der gleichen repräsentativen Studie wurde auch der Frage nachgegangen, von wem ein Verdacht auf eine Sehschädigung erstmals geäußert wurde. Er ging in 70% von Klinikärztinnen und -ärzten (z.B. im Perinatalzentrum) oder Augenärztinnen und -ärzten aus, in 47% der Fälle auch oder ausschließlich von den Eltern. Kinderärztinnen und -ärzte erkannten im Rahmen ihrer Routine-(Vorsorge-) Untersuchungen eine isolierte Sehschädigung (z.B. durch eine kongenitale Fehlbildung) wesentlich häufiger als in den Fällen, in denen eine kombinierte Behinderung vorlag. Bei Kindern mit kombinierten Entwicklungsstörungen wurde die Sehschädigung dagegen häufig erst erkannt, wenn eine spezielle augenärztliche Untersuchung durchgeführt wurde (Rahi et al., 2010).

Das weist darauf hin, dass bei Kindern mit einer komplexen Behinderung, bei der auch die intellektuelle und/oder motorische Entwicklung deutlich verzögert verläuft, ein gewisses Risiko besteht, dass Sehschädigungen nicht oder erst spät erkannt werden und die betroffenen Kinder nicht zum frühestmöglichen Zeitpunkt die spezifische Förderung erhalten, die sie für ihre Entwicklung benötigen.

In der genannten repräsentativen englischen Studie waren 61% der Fälle auf pränatale Ursachen zurückzuführen, 18% auf perinatale oder postnatale Komplikationen. Bei 33% aller untersuchten Kinder wurde eine genetische Veränderung diagnostiziert; bei 22% ließ sich die pränatale Ursache nicht näher spezifizieren. Bei 13% lag eine perinatale Asphyxie vor, bei 3% eine Infektion. In 7% aller Fälle bestand eine postnatale Infektion oder eine Tumorerkrankung (Rahi et al., 2003). Die häufigsten Formen der Sehschädigung waren eine zentrale

Sehschädigung (CVI; 47.8%), eine Retinopathie (28%) und eine Opticus-Atrophie (28.7%). Die Zahl der Kinder mit einer zentral bedingten Schädigung hat in den letzten Jahren in Abhängigkeit von der günstigeren Überlebensprognose von Kindern mit extremer Frühgeburtlichkeit oder schweren perinatalen Komplikationen zugenommen.

Weitere Daten zur Zusammensetzung der Zielgruppe der Frühförderung blinder Kinder liegen aus den USA vor. Hatton et al. (2007) werteten die Unterlagen zu 2115 Kindern mit Sehbeeinträchtigungen aus. Im Gegensatz zu der englischen Studie wurden hier nur Kinder im Alter unter drei Jahren einbezogen, was die Unterschiede in den relativen Häufigkeitsangaben erklärt. 68% wiesen zusätzliche Behinderungen auf. Die häufigsten Diagnosen waren auch hier eine zentrale Sehschädigung (23.6%), Retinopathie (16.2%) und Opticus-Dysplasie (9.7%).

Die Ergebnisse dieser umfassenden Auswertung von Patientenakten sind gut vereinbar mit den Ergebnissen einer weiteren, longitudinal angelegten Studie, in der die Entwicklung von 202 Kindern mit Sehschädigungen, die ebenfalls in den USA untersucht wurden (PRISM-Projekt). Die häufigsten Formen waren auch hier zentral bedingte Sehschädigungen, die Retinopathie oder die Opticus-Atrophie, die für jeweils 16-20% der Sehschädigungen bei Kindern verantwortlich waren. Bei etwa 60% dieser Kinder lag eine mehrfache Behinderung vor, d.h. die Kinder hatten zusätzliche Einschränkungen in anderen Entwicklungsbereichen als dem Sehen (Ferrell, 1998).

Alle vorliegenden Studien machen deutlich, dass bei einem beträchtlichen Teil von Kindern mit angeborener Blindheit zusätzliche Behinderungen in anderen Entwicklungsbereichen vorliegen, auf die sich die Frühförderung einstellen muss. Bei blinden Kindern sollte daher immer eine Untersuchung aller Entwicklungsbereiche erfolgen.

Das Risiko für die Ausbildung einer zusätzlichen Behinderung der intellektuellen oder motorischen Entwicklung (Cerebralparese) ist insbesondere bei zentral bedingten Sehschädigungen oder einer Retinopathie im Kontext einer sehr unreifen Geburt erhöht. Einige Studien sprechen zudem für einen erhöhten Anteil von Kindern mit einer Autismus-Spektrum-Störung bei Kindern mit einer Opticus-Hypoplasie. Eine zusätzliche Beeinträchtigung anderer Entwicklungsbereiche besteht auch bei pränatalen Infektionen (z.B. Masern, Cytomaglie- oder Zika-Virus) und bei Sehbeeinträchtigungen, die im Rahmen eines pädiatrischen Syndroms (z.B. Down-Syndrom) auftreten. Einige pädiatrische Syndrome (z.B. Goldenhar-Syndrom, Treacher-Collins-Syndrom und CHARGE-Syndrom) gehen mit zusätzlichen körperlichen Problemen, insbesondere einer Einschränkung des Hörvermögens einher, sind aber nicht mit einer allgemeinen Entwicklungsstörung der intellektuellen Entwicklung assoziiert.

Schwere Sehschädigungen werden in der Regel in den ersten Lebensmonaten eines Kindes erkannt. Der Diagnosezeitpunkt variiert jedoch mit der Art der Schädigung. Zentral bedingte Sehschädigungen, die Folge eines Sauerstoffmangels, einer Hirnblutung, Encephalopathie oder strukturellen Hirnfehlbildungen entstehen können, werden in den meisten Fällen erst später erkannt als periphere Schädigungen, die in der Regel rasch nach der Geburt diagnostiziert werden. In einer nationalen Studie in den USA lag der Diagnosezeitpunkt z.B. von zentral bedingten Sehschädigungen bei 7.6 Monaten; eine Retinopathie, die bei sehr unreif geborenen Kindern auftreten können, wurde dagegen im Durchschnitt im Alter von 3.4 Monaten, eine Hypoplasie des Opticus mit 4.2 Monaten erkannt (Hatton et al., 2013).

Unmittelbar nach der Diagnosestellung wird von den Fachärztinnen und -ärzten in der Regel auch ein Kontakt zur Frühförderstelle für sehbehinderte und blinde Kinder vermittelt. Die Fachkräfte der Frühförderung sind damit in der Lage, die Entwicklung der Kinder bereits vom Säuglingsalter zu begleiten. Sie stehen aber auch vor der besonderen Situation, dass die Eltern der Kinder noch unmittelbar unter dem Schock der Diagnose stehen.

1.2 Struktur des „Systems Frühförderung"

Frühförderstellen an Schulen mit dem Förderschwerpunkt Sehen

Die Frühförderung blinder Kinder ist primär die Aufgabe von Frühförderstellen, die fast ausschließlich an eine Schule für blinde und sehbehinderte Kinder (Zentren mit Förderschwerpunkt Sehen) angegliedert sind. An vielen dieser Frühförderstellen arbeiten Sonderpädagoginnen und -pädagogen, die ein Lehramtsstudium mit dem Förderschwerpunkt Sehen abgeschlossen haben. Sie werden von den Schulleitungen (zumindest mit einem Teil ihres Lehrdeputats) in die Frühförderstelle delegiert.

In Deutschland bestehen 62 Frühfördereinrichtungen für blinde und sehbehinderte Kinder, wovon 58 an Förderzentren im Förderschwerpunkt Sehen angeschlossen sind (Walthes, 2014). Bundesweite Daten zur Zahl der dort tätigen Lehr- und anderer Fachkräfte sowie zu ihren zeitlichen Ressourcen zur Betreuung von blinden Kindern in den ersten sechs Lebensjahren liegen nicht vor.

Einige Anhaltspunkte zu Personalzusammensetzung, Zielgruppe und Frequenz der blinden- und sehbehindertenspezifischen Frühförderung ergeben sich aus einer Erhebung, die bundesweit an entsprechenden Frühförderstellen durchgeführt wurde (Mohrlock 2016). Hierbei wurde sämtlichen 62 Frühförderstellen in Deutschland ein ausführlicher Fragebogen zugeschickt. Der Rücklauf umfasste 31 Fragebogen, wovon sich 30 als auswertbar erwiesen. Diese 30 an der Auswertung beteiligten Frühförderstellen kamen aus insgesamt 12 Bundesländern. Bezüglich der in der Frühförderung beschäftigten Berufsgruppen zeigte sich, dass mehr als die Hälfte der Stellen (54%) mit Sonderpädagoginnen und –pädagogen besetzt sind. Die zweitgrößte Berufsgruppe bilden Sozialpädagoginnen und-pädagogen (18%), gefolgt von Heilpädagoginnen und –pädagogen (11%). Gering vertreten sind Erzieherinnen und Erzieher (4%) sowie Ergotherapeutinnen/-therapeuten und Orthoptistinnen und Orthoptisten (jeweils 2%).

28 Frühförderstellen machten Angaben zur Anzahl der betreuten Kinder, woraus sich eine Gesamtzahl von 2816 Kindern ergibt. Aus den Angaben von 25 Einrichtungen lässt sich der Anteil blinder (12.5%) und sehbehinderten Kinder

(87.5%) differenzieren. 50.95% der betreuten Kinder hatten neben dem Förderbedarf Sehen einen zusätzlichen Förderbedarf. 27 Einrichtungen gaben an, wie häufig Frühförderbesuche stattfinden: 41% nannten diesbezüglich einen wöchentlichen Besuchsrhythmus, 15% einen Rhythmus zwischen 1 und 2 Wochen und bei 30% der Frühförderstellen werden die Kinder alle 2 Wochen besucht. Jeweils 7% der Frühförderstellen realisieren Besuche alle 2-3 Wochen bzw. alle 3 Wochen.

In einer Erhebung, die im Jahr 2013 in Baden-Württemberg durchgeführt wurde, wurden Mitarbeiterinnen und Mitarbeiter der Frühförderstellen nach den inhaltlichen Schwerpunkten ihrer Arbeit gefragt. Insgesamt beteiligten sich an der Befragung mehr als 500 Fachkräfte der Frühförderung in diesem Bundesland, darunter auch 16 Fachkräfte, die in einer Frühförderstelle für blinde Kinder tätig sind (Sarimski, 2013). Angesichts dieser kleinen Zahl von Fachkräften aus diesem speziellen Arbeitsbereich können die Ergebnisse natürlich keinen Anspruch auf Repräsentativität erheben.

Die Abb. 1 zeigt die Angaben der Fachkräfte zu der Frage, welche Aufgaben in ihrer Arbeit in der Frühförderstelle im Vordergrund stehen. Dabei konnten die Fachkräfte ankreuzen, ob die entsprechende Aufgabe bei den von ihnen betreuten Kindern oft/sehr oft (d.h. regelmäßig) zu ihren Aufgaben gehöre. Jeweils mehr als ein Drittel der Fachkräfte zählen danach die Förderung des Kindes gemeinsam mit den Eltern und die Elternberatung zu ihren regelmäßigen Aufgaben. Die Beratung von pädagogischen Fachkräften in allgemeinen Kindergärten, bzw. in Schulkindergärten (mit anderen Förderschwerpunkten) gehört ebenfalls zu den relativ oft genannten Aufgaben. Immerhin 25% nennen jedoch auch die kindbezogene Förderung ohne Beteiligung der Eltern. Nur selten scheint sich die Beratung auf die Belastung der Eltern zu konzentrieren; Eltern-Kind-Gruppen oder Elterngruppen werden von den hier befragten Mitarbeiterinnen und Mitarbeitern nicht angeboten.

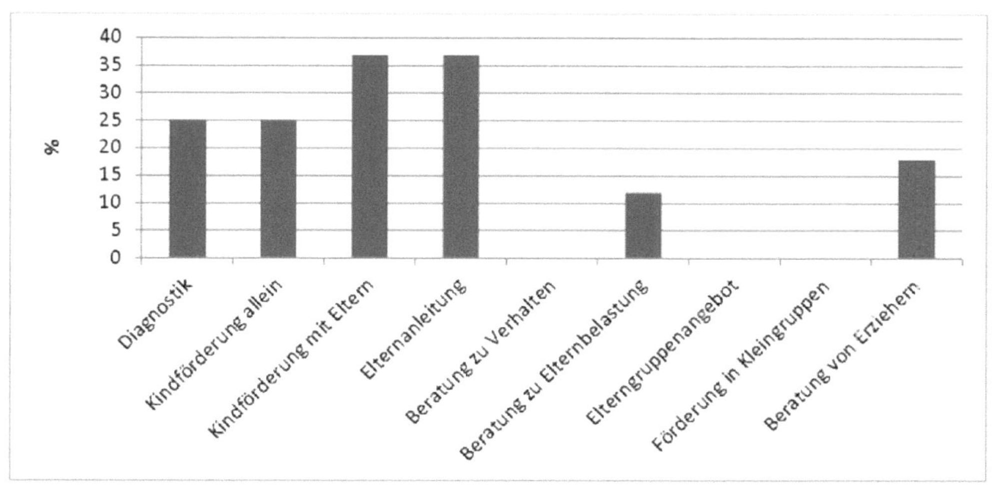

Abb. 1 Aufgaben der Frühförderung blinder Kinder (n = 16; Sarimski, 2013)

Diese Ergebnisse dieser – nicht repräsentativen – Erhebung sprechen dafür, dass die Beratung von Eltern und anderen Bezugspersonen bei der Förderung der Kinder eine zentrale Bedeutung in der Arbeit der Fachkräfte hat. Die Förderung mit dem Kind allein – zu Hause oder in der Kindertagesstätte – nimmt jedoch zumindest bei einem Teil der Fachkräfte ebenfalls einen beträchtlichen Raum ein. Die Beratung der Eltern zum Umgang mit Verhaltensauffälligkeiten der Kinder oder ihren eigenen familiären Belastungen steht demgegenüber deutlich zurück.

Interdisziplinäre Frühförderstellen

In den meisten Bundesländern ist neben den sonderpädagogischen Beratungsstellen ein flächendeckendes Netz von interdisziplinären Frühförderstellen etabliert, an die sich Eltern mit Kindern mit Behinderungen wenden. Ihre Mitarbeiterinnen und Mitarbeiter sind Heil- oder Sozialpädagoginnen und -pädagogen, Ergo-, Physio- oder Sprachtherapeutinnen und -therapeuten. In diesen Frühförderstellen werden Kinder mit unterschiedlichen Behinderungen und Entwicklungsstörungen betreut. Darunter befinden sich auch Kinder mit komplexen

Entwicklungsstörungen, die in ihrer kognitiven und/oder körperlichen Entwicklung beeinträchtigt sind und bei denen im Rahmen einer solchen globalen Behinderung auch eine angeborene Blindheit vorliegt. Die Fachkräfte, die in interdisziplinären Frühförderstellen tätig sind, verfügen jedoch nicht über spezifische Expertise in der Arbeit mit blinden Kindern.

Wenn ein blindes Kind mit einer globalen Entwicklungsstörung oder körperlichen Behinderung dort zur Frühförderung angemeldet wird, sollte auf jeden Fall in größeren zeitlichen Intervallen eine zusätzliche Begleitung durch eine sonderpädagogische Fachkraft sichergestellt werden, die über eine Ausbildung in Blinden- und Sehbehindertenpädagogik (bzw. Förderschwerpunkt Sehen) verfügt, damit die spezifischen Bedürfnisse der Entwicklungsförderung unter den Bedingungen von Blindheit angemessen berücksichtigt und die Eltern beraten werden. Das erfordert eine zuverlässige Absprache zwischen den beteiligten Fachkräften.

Ein Sonderfall liegt im Bundesland Baden-Württemberg vor, in dem nur wenige interdisziplinäre Frühförderstellen gegründet wurden und die Mehrzahl der Kinder mit Behinderungen durch Frühförder- und Beratungsstellen begleitet werden, die an Schulen mit den unterschiedlichen Förderschwerpunkten angegliedert sind. Ihre Mitarbeiterinnen und Mitarbeiter haben ein Studium im Lehramt Sonderpädagogik mit den unterschiedlichen Förderschwerpunkten abgeschlossen. Auch an diesen Frühförderstellen mit unterschiedlichen Förderschwerpunkten ist eine Einbeziehung der Frühförderstelle für blinde und sehbehinderte Kinder als Ergänzung der Förderung und Elternberatung angezeigt, wenn von ihnen ein Kind mit eingeschränktem oder fehlendem Sehvermögen betreut wird.

Frühförderung für Kinder mit dualer Sinnesbehinderung

Bei Kindern mit einer Hörsehbehinderung/Taubblindheit stehen die Fachkräfte vor besonderen Herausforderungen. Die Frühförderung für hörgeschädigte Kinder ist wie die Frühförderung für blinde und sehbehinderte Kinder in der Regel an die jeweiligen Förderzentren angegliedert. Da es bundesweit nur wenige Fachkräfte gibt, die spezifische Erfahrung und Kompetenz in der Arbeit mit Kindern mit einer dualen Sinnesbehinderung haben, braucht es auch in diesem Fall eine eng aufeinander abgestimmte Begleitung durch zwei Frühförderstellen, die Frühförderstelle für Kinder mit Förderschwerpunkt Hören und die Frühförderstelle für Kinder mit Förderschwerpunkt Sehen. Da sich die spezifischen Förder- und Unterstützungsbedarfe hörsehbehinderter bzw. taubblinder Kinder nicht additiv aus den Förderschwerpunkten Sehen und Hören ableiten lassen, wäre ein flächendeckendes Beratungsangebot speziell für die Frühförderung hörsehbehinderter, bzw. taubblinder Kinder wünschenswert bzw. notwendig. Hier ist die Versorgung jedoch noch regional sehr unterschiedlich und lückenhaft.

2 Prinzipien familienorientierter Frühförderung

Das Ziel familienorientierter Frühförderung ist es, die Familien in ihren Fähigkeiten und ihrem Vertrauen auf die eigenen Kompetenzen so zu stärken, dass sie die besonderen Herausforderungen bewältigen, die mit der Erziehung und frühen Förderung eines blinden Kindes verbunden sind.

2.1 Systemisches Entwicklungsmodell als Grundlage

In einem systemischen Verständnis von Entwicklung erwerben Kinder – mit und ohne Behinderung - motorische, perzeptive, kognitive, sprachliche und sozial-emotionale Fertigkeiten sowie übergreifende Schlüsselkompetenzen, mit denen sie ihre Handlungen in der gegenständlichen und sozialen Umwelt organisieren (Guralnick, 2011, 2019; Sarimski, 2017).

Zu den Schlüsselkompetenzen zählen die Motivation zur Eigeninitiative und Auseinandersetzung mit herausfordernden Aufgaben, die emotionale Selbstregulation, soziale Kognition und exekutive Funktionen, mit denen es seine Aufmerksamkeit steuert, impulsive Reaktionen kontrolliert und zielgerichtete Handlungen plant.

Diese Fähigkeiten werden bei alltäglichen Lerngelegenheiten, die sich dem Kind innerhalb und außerhalb der Familie bieten, und zunächst im Kontext der Eltern-Kind-Interaktionen erworben und erweitert. Diese alltäglichen Interaktionen bieten den Rahmen, in dem sich das Kind emotional geborgen fühlt und sich an gemeinsamen Aktivitäten zu beteiligen lernt. Das Ziel der Frühförderung ist daher, die Umgebung so zu gestalten, dass das Kind im Alltag möglichst viele Gelegenheiten zur Erweiterung seiner Kompetenzen erhält und dabei von seinen Bezugspersonen wirksam unterstützt wird.

Entwicklungsförderliche Interaktionen mit dem Kind sind gekennzeichnet durch affektive Zuwendung seitens der Eltern, ihre sensible Bereitschaft, die kindlichen Beiträge aufzugreifen, und ihre Fähigkeit, sich auf die besonderen Bedürfnisse des Kindes beim Erwerb von neuen Kompetenzen einzustellen. Diese Fähigkeit und Bereitschaft wiederum hängen von den persönlichen und sozialen Ressourcen der

Eltern ab. Dazu gehören Informationen über die besonderen Bedürfnisse des Kindes, Zuversicht in die eigenen Fähigkeiten zur Unterstützung der Entwicklung des Kindes, eine positive Haltung zur Auseinandersetzung mit Problemen und Herausforderungen sowie eine hinreichende eigene psychische (sowie körperliche) Stabilität ebenso wie finanzielle Ressourcen und soziale Unterstützung bei der Bewältigung der besonderen Anforderungen.

Mit anderen Worten - eine effektive Förderung im Alltag setzt voraus, dass die Eltern sich den Herausforderungen ihrer Lebenssituation gewachsen fühlen und auf die individuellen Bedürfnisse ihres Kindes einstellen können. Dies bedeutet, dass elterliche Belastungen, Sorgen und Nöte von den Fachkräften bei der Diagnostik und Planung von Fördermaßnahmen beachtet werden müssen. Dabei sind die Bedürfnisse aller Familienmitglieder zu berücksichtigen. Unterschiedliche Erziehungshaltungen und kulturelle Traditionen sind dabei zu respektieren.

Die Maßnahmen der Frühförderung sind damit nicht allein auf die unmittelbare Förderung des Kindes, sondern auf die Unterstützung der gesamten Familie in ihrem sozialen Umfeld auszurichten.

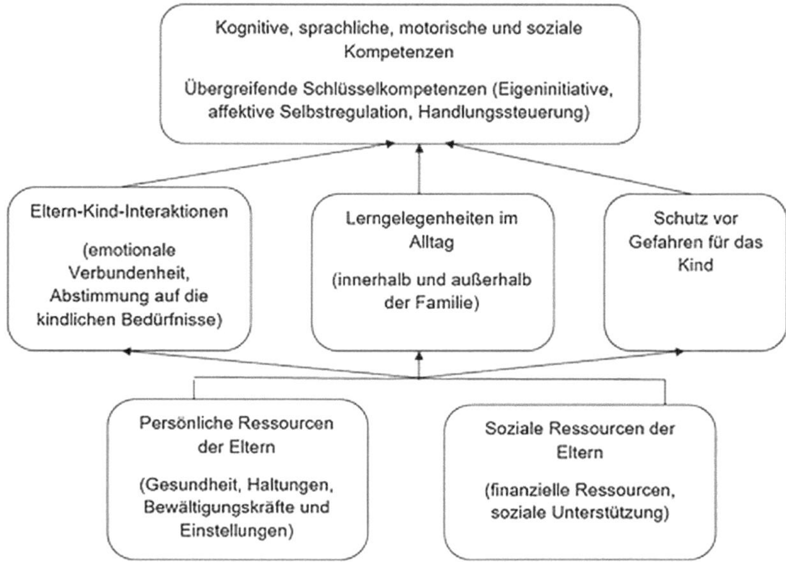

Abb. 2 Systemisches Entwicklungsmodell als Grundlage der Förderung (Guralnick, 2011; Sarimski, 2017)

Ob es im Einzelfall gelungen ist, ein familienorientiertes Konzept von Frühförderung in der Praxis zu verwirklichen, lässt sich grundsätzlich an folgenden Kriterien erkennen (Bailey et al., 2008; Dempsey & Keen, 2008):

- Die Eltern kennen die Fähigkeiten und individuellen Hilfebedürfnisse ihres Kindes.
- Sie sind in der Lage, Entwicklungsprozesse ihres Kindes selbst erfolgreich zu unterstützen.
- Sie verfügen über befriedigende Unterstützungssysteme.
- Sie kennen ihre Rechte und können für die Bedürfnisse ihres Kindes eintreten.
- Sie nehmen teil an den alltäglichen Aktivitäten ihres Lebensumfeldes.

2.2 Auswahl von Förderzielen und Lernsituationen

Familienorientierung beschreibt nicht nur die Haltung der Fachkräfte, sondern zeichnet sich durch spezifische Strategien in der Praxis aus, mit denen erreicht werden soll, dass die Familien die Beziehung zur Fachkraft als hilfreich erleben und sich aktiv an dem Prozess der Förderung beteiligen. Familienorientierung in der Frühförderung ist charakterisiert durch folgende Merkmale (McWilliam, 2010; Guralnick, 2011; Sarimski et al., 2013; Sarimski, 2017):

- Das übergeordnete Ziel ist es, die Familie in die Lage zu versetzen, ihre Probleme selbständig erfolgreich zu lösen.
- Die Beziehung zwischen den Fachkräften und den Eltern ist durch gegenseitiges Vertrauen, Respekt, Ehrlichkeit und offene Kommunikationsformen bestimmt.
- Die Eltern sind aktive Partner bei allen Entscheidungsprozessen. Sie haben die letzte Entscheidung über die Art der Unterstützung, die sie wünschen.
- Der Arbeitsprozess von Familien und Fachkräften konzentriert sich auf die Identifizierung von Bedürfnissen, Zielen und Sorgen der Familie, ihre Stärken und die Hilfen, deren sie bedürfen, um ihre Ziele zu erreichen.

- Fachkräfte aller Fachrichtungen arbeiten mit den Familien zusammen, um die Ressourcen zu organisieren, die am besten den familiären Bedürfnissen entsprechen.
- Die Unterstützung wird flexibel und individuell auf die sich verändernden Bedürfnisse der Familien abgestimmt.

Entwicklungsförderung im frühen Kindesalter gelingt, wenn die erwachsenen Bezugspersonen ihre Beziehung zum Kind so gestalten, dass seine Eigenaktivität in der Auseinandersetzung mit der Umwelt angeregt wird und es im Alltag und im gemeinsamen Spiel Impulse erhält, die Entwicklungsfortschritte in der „Zone der nächsten Entwicklung" des Kindes anstoßen.

Die Wirksamkeit von solchen alltagsorientierten Fördermaßnahmen ist hoch, wenn

- Lernsituationen ausgewählt werden, die im Familienleben bedeutsam sind und sich als Kontext eignen, um sozial-adaptive „Schlüsselkompetenzen" zur Teilhabe am Geschehen zu erwerben.
- Lernsituationen ausgewählt werden, die dem Kind die Möglichkeit zu Eigeninitiative und zum Erwerb von Fähigkeiten geben, mit denen es eigene Ziele erreichen kann. Sie können von den Vorlieben und Interessen des Kindes ausgehen, d.h. vom Kind initiiert sein, oder von den Eltern und Fachkräften vorbereitet werden.
- die Beratung der Eltern darauf ausgerichtet ist, ihr Zutrauen in ihre eigenen Fähigkeiten zu stärken, dass sie die Entwicklung ihres Kindes wirksam beeinflussen können.
- die Fachkraft konkrete Strategien vermittelt, wie kindliche Fähigkeiten unter den Bedingungen einer bestimmten Behinderung nachhaltig gefördert werden können.

2.3 Alltagsorientierung der Förderung

Die Fachkraft gibt somit keine Anregungen zur Förderung aus einem standardisierten Förderprogramm vor. Ihre Aufgabe ist es vielmehr, die Eltern zu beraten, wie sie im „natürlichen Kontext" ihr Kind beim Erwerb von Kompetenzen zur aktiven sozialen Teilhabe unterstützen können. Sie macht ihnen bewusst, welche Handlungsmöglichkeiten sie im Alltag haben, bestärkt sie in ihrer Sensibilität für die kindlichen Bedürfnisse und ermutigt sie, Lösungen zu erproben, die für sie selbst und ihren Familienalltag passend sind.

Am besten gelingt das, wenn die Förderung unmittelbar in der Umgebung stattfindet, in der das Kind aufwächst. Der Hausbesuch gibt der Fachkraft die Möglichkeit, die Entwicklungsbedingungen für das Kind direkt zu beobachten und ihre Überlegungen und Vorschläge darauf abzustimmen. Gleichzeitig bietet der Hausbesuch die Möglichkeit, flexibel auf die Prioritäten und Sorgen der Eltern einzugehen. Eine Familienorientierung ist jedoch nicht allein schon dadurch gewährleistet, dass die Förderung zu Hause stattfindet. Auch eine rein kindorientierte Förderung kann zu Hause stattfinden, indem die Fachkraft ihre eigenen Fördermaterialien mitbringt und sich dem Kind in einer – durchaus gut geplanten – Übungssituation widmet.

Die Arbeit in einem familienorientierten Konzept unterscheidet sich von einer kindorientierten Förderung dadurch, dass die Fachkraft von Anfang an deutlich macht, dass sie ihre Aufgabe in der Unterstützung der Eltern bei der Entwicklungsförderung des Kindes sieht und dass die Förderung in Alltagssituationen weitgehend mit den Spielmaterialien und Alltagsgegenständen geschehen soll, die in der Umgebung des Kindes vorhanden sind. Das schließt natürlich nicht aus, dass die Fachkraft auch einzelne Materialien mitbringt, die für die Förderung von blinden Kindern in spezifischer Weise geeignet sind, und den Eltern zeigt, wie sie verwendet werden können.

Als „natürlicher Kontext" gilt jede Umgebung, in der sich soziale Beziehungen des Kindes entwickeln – mit den Eltern und Geschwistern innerhalb und außerhalb der Wohnung sowie mit pädagogischen Fachkräften und anderen Kindern in der Kindertagesstätte. Die Aufgabe der Fachkraft ist es, alle Bezugspersonen des Kindes fachlich so zu unterstützen, dass das Kind sich so aktiv und selbständig wie möglich am sozialen Geschehen zu beteiligen lernt. Lerngelegenheiten im Alltag und gemeinsamen Spiel erlauben die Übung von Kompetenzen wesentlich häufiger, als wenn die Förderung in isolierten Übungs- oder Therapiesituationen durch eine Fachkraft stattfindet. Der Ansatz, die Entwicklung des Kindes im alltäglichen, natürlichen Kontext zu fördern, entspricht zudem dem Grundgedanken der Inklusion, der für Eltern von Kindern mit Behinderungen eine hohe Priorität hat.

Alltagssituationen sind für Lernprozesse des Kindes besonders dann motivierend, wenn sie vom Kind selbst initiiert sind - d.h. die Interaktionen primär vom Kind und nicht vom Erwachsenen gesteuert sind – und die dabei erworbenen Kompetenzen dem Kind dabei helfen, Dinge zu erreichen, an denen es selbst interessiert ist, d.h. „funktional" sind. Auf diese Weise wird das Kind darin bestärkt, sich aktiv mit seiner Umgebung auseinander zu setzen und soziale Kontakte zu gestalten. Die Rolle des Erwachsenen besteht dann darin, die kindlichen Interessen und Aufmerksamkeitsrichtungen zu erkennen und die Beteiligung des Kindes durch geeignete Hilfen, Unterstützung und Bestärkung seiner Initiativen zu fördern. An einer Steigerung des Zutrauens beider Interaktionspartner in ihre jeweiligen Fähigkeiten – die Fähigkeit des Kindes, seine Umwelt aktiv zu gestalten, und die Fähigkeit der Erwachsenen, das Kind dabei wirksam zu unterstützen – zeigt sich dann der Erfolg der Beratung durch die Fachkräfte der Frühförderung (vgl. Abbildung 3).

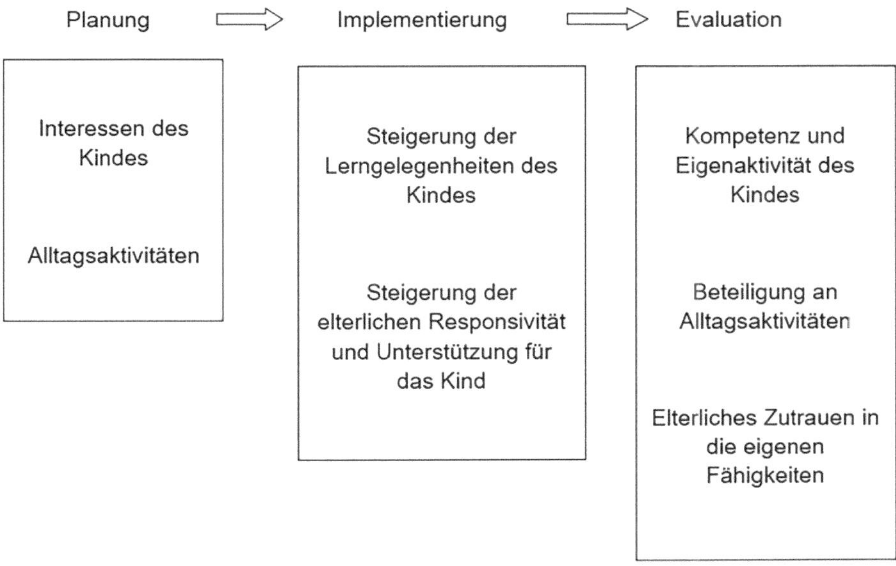

Abb. 3 Planung, Implementierung und Evaluation von alltagsintegrierter Entwicklungsförderung (Sarimski, 2017)

Um die Förderung am familiären Alltag und dem Ziel der sozialen Teilhabe des Kindes zu orientieren, sollte die Fachkraft die Eltern bitten, einen typischen Tagesablauf mit dem Kind zu erzählen („routine-based interview", McWilliam, 2010, 2012). Auf diese Weise gewinnt sie einen ersten Eindruck von den familiären Ressourcen, der aktuellen Belastung und den Alltagsabläufen.

Es sollten dabei möglichst viele Aktivitäten, die zur Routine des Alltags gehören, angesprochen werden – vom Wecken des Kindes über das Anziehen, Frühstücken, Spielen, Beteiligung an Einkäufen, Besuchen, Ausflügen auf den Spielplatz bis hin zum Abendessen und Zu-Bett-Gehen. Die Fachkraft der Frühförderung kann dabei zusätzlich nach Aktivitäten fragen, die im Allgemeinen zum Alltag von Kindern gleichen Alters gehören, wenn die Eltern von sich aus nur wenige gemeinsame Aktivitäten nennen. Leitfragen des Interviews können u.a. sein:

- An welchen Aktivitäten im familiären Alltag (z.B. Baden, gemeinsame Mahlzeiten, im Garten sein, Autofahrten) zeigt das Kind Interesse?
- Welche Freizeitaktivitäten (z.B. Bücher anschauen, eine Kindergruppe besuchen, einen Spielplatz besuchen, an Familienfesten teilnehmen) findet es interessant?
- Welche körperlichen Aktivitäten (z.B. Toben mit dem Papa, Spielen mit dem Ball) mag es besonders?

2.4 Leitlinien der familienorientierten Frühförderung von blinden Kindern

Diese Grundprinzipien familienorientierter Frühförderung charakterisieren den „State of the art" und wurden bei Kindern mit unterschiedlichen

Entwicklungsstörungen evaluiert (Sarimski, 2017; Guralnick, 2019). Sie wurden nicht explizit mit Blick auf Kinder mit Sinnesbehinderungen erarbeitet, lassen sich aber auf dieses Arbeitsfeld übertragen.

So wurden z.B. in der Arbeit mit Kindern mit Hörbehinderungen familienorientierte Leitlinien zur Förderung als internationales Konsenspapier etabliert (Moeller et al., 2013; Hintermair & Sarimski, 2014). Für Kinder mit Sehbeeinträchtigungen liegt ein Positionspapier der amerikanischen „Division on Visual Impairments and Deafblindness" (Hatton et al., 2018) vor, das den gleichen Prinzipien folgt. Die Autoren formulieren sechs Zielbereiche für Eltern und Kind, auf die sich die Frühförderung konzentrieren solle:

1. Information über die Behinderung und ihre Rechte: Die Eltern verstehen die Diagnose ihres Kindes, haben Zugang zu den medizinischen Berichten und zur Förderplanung und wissen um geeignete Unterstützungsangebote für die individuelle Entwicklung des Kindes und ihre Bedürfnisse als Familie.
2. Kenntnis der Auswirkungen auf die Entwicklung: Die Eltern können die spezifischen Kompetenzen und Unterstützungsbedürfnisse ihres Kindes erkennen und beschreiben und werden von Fachkräften mit spezifischem Wissen beraten in der Auswahl von funktionalen Förderzielen und der Nutzung von Lerngelegenheiten im Alltag einschließlich der Anleitung in Förderbereichen, in denen sich blinde Kinder spezifische Kompetenzen aneignen müssen (z.B. Orientierung und Mobilität).
3. Anpassung an die besonderen Bedürfnisse des Kindes: Die Eltern gestalten die Umgebung des Kindes so, dass es einen sicheren Zugang zu sozialer Teilhabe hat und die Nutzung von anderen Sinnen anstelle des fehlenden Sehvermögens optimal erleichtert wird. Sie geben dem Kind eine angemessene Unterstützung für die soziale Teilhabe an Alltagsaktivitäten und bieten ihm Lerngelegenheiten im Bereich des selbstinitiierten Spiels, der Kommunikation, des Erwerbs lebenspraktischer Fertigkeiten sowie der Orientierung und Mobilität.
4. Entwicklung sozial-emotionaler Kompetenz: Die Eltern interpretieren die Signale ihres Kindes angemessen und gestalten positive Eltern-Kind-Beziehungen. Sie fördern die Beteiligung des Kindes an dialogischen Aktivitäten und die Entwicklung von Beziehungen zu anderen Kindern und Erwachsenen. Sie unterstützen die Entwicklung von Fähigkeiten zur

emotionalen Selbstregulation und beugen der Ausbildung von Verhaltensauffälligkeiten vor.

5. Entwicklung kognitiver und kommunikativer Fähigkeiten: Die Eltern fördern die Eigeninitiative des Kindes in Alltagsaktivitäten, greifen seine Intentionen und Erfahrungen auf und erweitern sie. Sie unterstützen das Kind beim Verständnis von akustischen Informationen aus der Umgebung und fördern seine Bereitschaft zur Erkundung der Umwelt. Sie fördern seine Fähigkeit, Gegenstände und Ereignisse in seiner Umwelt taktil zu erkunden und bieten ihm frühzeitig Erfahrungen, die es auf den späteren Erwerb der Brailleschrift und anderer schulischer Anforderungen vorbereiten („early literacy", Umgang mit Mengen und Zahlen).
6. Entwicklung lebenspraktischer Fähigkeiten: Sie beteiligen das Kind an familiären Routinen bei gemeinsamen Mahlzeiten, beim Anziehen und bei der Selbstversorgung, unterstützen seine Fähigkeit zur Exploration und zur Orientierung und selbständigen Fortbewegung in einer für das Kind sicheren Umgebung.

Ely et al. (2017) haben die alltagsintegrierte Frühförderung blinder Kinder mit dem Begriff des „Matrix Konzepts" überschrieben. Es geht ihnen darum, dass sich die Förderung unmittelbar auf den Alltag in der Familie bezieht, konkrete Strategien empfohlen und von den Eltern (oder anderen Bezugspersonen) umgesetzt werden und diese sich als erfolgreich bei der Erweiterung der Kompetenzen des Kindes erleben. Indem die Förderung in die alltäglichen Aktivitäten „eingebettet" wird, ist sie für das Kind motivierend und „funktionell wertvoll", d.h. das Kind erwirbt in ihnen Kompetenzen, die es unmittelbar zur Erweiterung seiner Selbständigkeit und sozialen Teilhabe einsetzen kann.

Die Umsetzung solcher familienorientierter Konzepte in der Frühförderung blinder und sehbehinderter Kinder ist Gegenstand einer stetig wachsenden Zahl von Publikationen in der internationalen Fachliteratur. Ely & Ostrosky (2018) legten eine Literaturübersicht vor, in der sie 27 Artikel zusammentrugen, die zwischen 1997 und 2016 erschienen waren. 16 dieser Artikel bezogen sich auf Aspekte der Eltern-Kind-Beziehungen in Bezug auf die Entwicklung der Kompetenzen der Kinder und ihrer sozialen Teilhabe oder analysierten die Art und Weise, wie die sozialen Beziehungen zwischen dem Kind und seinen Eltern fachlich unterstützt werden können. 15 Artikel bezogen sich auf die spezifischen Besonderheiten des Lernens und der Entwicklung unter den Bedingungen von Blindheit, elf Artikel auf die Möglichkeiten und Schwierigkeiten der Einbeziehung von Eltern in den Förderprozess.

Eine Studie von Dote-Kwan et al. (2001) gibt weitere Hinweise auf den Stellenwert der Familienorientierung für die Praxis der Frühförderung. Sie befragten 121 Fachkräfte, die in der Frühförderung von sehbehinderten und blinden Kindern tätig waren, nach ihrer Ausbildung und nach den Kompetenzen, über die sie ihrer eigenen Einschätzung in ihrem Arbeitsfeld verfügen sollten. Unter diesen Praktikerinnen und Praktikern bestand weitgehende Einigkeit darüber, dass die Frühförderung möglichst in der häuslichen Umgebung stattfinden sollte und dass es darum geht, dass die Eltern verstehen, welche Auswirkungen das fehlende Sehvermögen auf die Entwicklung der Kinder in den verschiedenen Bereichen hat und wie sie sich im Kontakt mit ihrem Kind darauf einstellen können. Die Berücksichtigung der Prioritäten und Ressourcen der Eltern sowie die Unterstützung einer positiven Eltern-Kind-Beziehung werden als wichtig angesehen.

Die Literaturübersicht und die Befragung der Fachkräfte belegt, dass Familienorientierung heute zum Leitbild der Frühförderung blinder Kinder gehört. Allerdings bedeutet das noch nicht unbedingt, dass die familienorientierten Prinzipien auch in der Praxis durchgängig umgesetzt werden.

******* Ein Blick in die Forschung: Familienorientiertes Arbeiten in der Praxis

Sarimski, K. & Lang, M.:

Praxis familienorientierter Arbeit

Frühförderung interdisziplinär, 2018, 123-133

In einer explorativen Studie wurden 49 Frühförderstunden aus dem Bereich der Frühförderung von sehbehinderten oder blinden Kindern analysiert. Es wurden Beobachtungsdaten erhoben zur Rolle der Fachkraft und zur Beteiligung der Eltern an den Förderaktivitäten, zu den Themen der Beratung, die im Rahmen der Förderstunden stattfindet, sowie zum Einsatz von familienorientierten Strategien im Vorgehen der Fachkräfte, die geeignet sind, die aktive Beteiligung der Eltern an der Förderung zu stärken. Die Auswertung zeigt, dass die Fachkräfte etwa 50% der Zeit auf die direkte Förderung des Kindes verwenden. Im Gespräch mit den Eltern werden vor allem Fragen der Förderung und des Entwicklungsverlaufs des Kindes thematisiert. Probleme der Erziehung und Belastungen der Eltern werden kaum angesprochen. Ein Coaching der Eltern in entwicklungsförderlichen Interaktionsweisen mit dem Kind findet nur in geringem Maße statt.

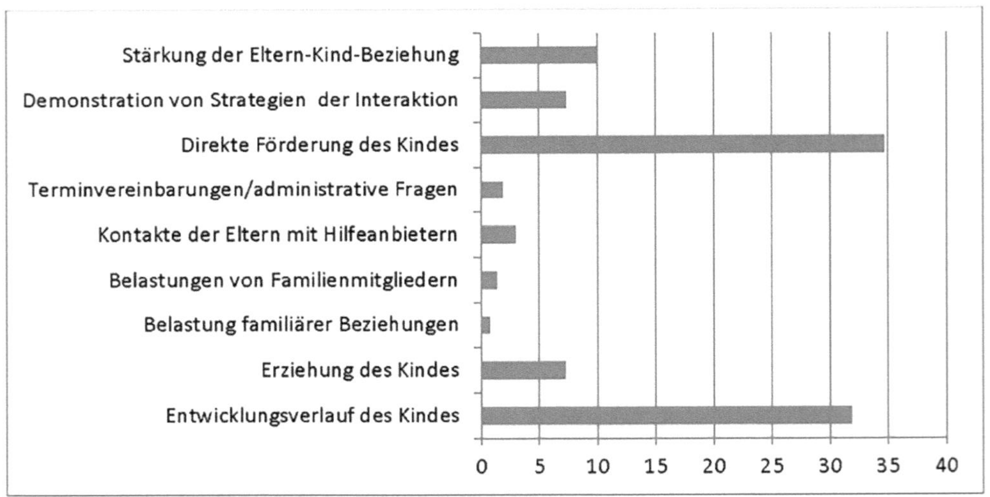

Abb. 4 Anteile verschiedener Inhaltsbereiche der Beratung (in %) in 49 Frühförderstunden mit sehbehinderten und blinden Kindern (Sarimski & Lang, 2018)

***

2.5 Qualität der Eltern-Kind-Interaktion und Entwicklungsverlauf

Bisher liegen nur wenige Forschungsarbeiten vor, die sich spezifisch mit dem Zusammenhang zwischen dem Entwicklungsverlauf blinder Kinder und qualitativen Merkmalen der Eltern-Kind-Interaktionen beschäftigt haben. Sie deuten darauf hin, dass in dieser Hinsicht offenbar beträchtliche individuelle Unterschiede zwischen den Eltern bestehen (Campbell, 2007). Einigen Eltern gelingt es gut, sich auf die besonderen Bedürfnisse bei der Interaktion mit ihrem blinden Kind einzustellen, andere neigen eher zu einem hohen Maß an Direktivität und Kontrolle über die Interaktion und sind wenig responsiv für die Beiträge des Kindes.

Diese individuellen Unterschiede stehen in einem gewissen Zusammenhang mit dem Entwicklungsstand und Entwicklungsverlauf der Kinder. Dote-Kwan (1995), Dote-Kwan et al. (1997) und Hughes et al. (1999) analysierten die Mutter-Kind-Interaktion und ihre Zusammenhänge zum Entwicklungsstand der Kinder bei 17 blinden Kindern im Alter von 20-36 Monaten. Der Entwicklungsstand wurde mit den Reynell-Zinkin-Scales und der „Maxfield-Buchholz Scale for blind preschool children" beurteilt, die Interaktion mit einem standardisierten Ratingverfahren für Freispielsituationen und die Qualität der häuslichen Anregung mit der HOME-Skala. Die Beobachtung erfolgte für jeweils eine Stunde in alltäglichen Situationen in der häuslichen Umgebung an zwei Tagen.

Bei der Interpretation der Ergebnisse weisen die Autorinnen und Autoren allerdings auf mehrere methodische Einschränkungen hin. Nur ein Teil der Beobachtungszeit konnte ausgewertet werden, da sich die beobachteten Alltagstätigkeiten in den Familien sehr unterschieden. Einige Aspekte der Interaktion, die mit dem Ratingverfahren erfasst werden sollten, traten in der Beobachtungszeit nur sehr selten auf, so dass sich für sie keine signifikanten Korrelationen zum Entwicklungsstand der Kinder bestimmen ließen. Trotz dieser Einschränkungen lassen die Ergebnisse der Korrelationsanalysen einen Zusammenhang zwischen den Merkmalen der mütterlichen Interaktion und dem Entwicklungsstand der Kinder, bzw. dem weiteren Verlauf erkennen.

Die Responsivität der Mütter sowie die Angemessenheit ihrer Lenkung und Anleitung sind nach den Ergebnissen dieser Studie positiv assoziiert mit dem rezeptiven und expressiven Sprachstand der Kinder, ihren sensomotorischen Fähigkeiten sowie der Exploration der Umgebung. Mütter, die in höherem Maße auf die Beiträge ihrer Kinder eingehen, sie wiederholen oder expandieren und ihr Sprechtempo an die Verarbeitungsschwierigkeiten ihres Kindes anpassen, haben Kinder, die in Entwicklungsskalen besser abschneiden. Ein höheres Maß an Kontrolle und Direktivität ist dagegen negativ assoziiert mit der Sprachentwicklung der Kinder.

******* Ein Blick in die Forschung: Sozial-emotionale Entwicklung und elterliche Responsivität

Lang, M., Sarimski, K. & Hintermair, M. (2016):

Sozial-emotionale Kompetenzen von Kleinkindern mit einer Sehschädigung aus Sicht der Eltern

Blind-sehbehindert, 136, 1, 8-18

Die Eltern von 63 blinden und sehbehinderten Kindern (19-36 Monate) berichten über die sozial-emotionalen Kompetenzen ihrer Kinder und schätzen ihre eigene Kompetenz ein, die Entwicklung und Bindungsqualität ihres Kindes zu fördern. Es lassen sich differenzierte Einschätzungen für die einzelnen Kompetenzen in diesen Entwicklungsbereichen erkennen. Die Kompetenz von blinden Kindern wird fast durchweg als niedriger eingeschätzt als die Kompetenz von sehbehinderten Kindern. Die Einschätzung der kindlichen Kompetenzen korreliert auch in dieser Studie positiv mit der elterlichen Fähigkeit und Bereitschaft, auf die Bedürfnisse ihrer Kinder responsiv einzugehen, mit dem Kind entwicklungsgemäße Spielangebote zu machen und den Alltag für das Kind angemessen zu strukturieren. Allerdings ist bei der Interpretation der Ergebnisse dieser Studie zu bedenken, dass das Interaktions- und Beziehungsverhalten der Eltern nicht beobachtet wurde, sondern es sich um Selbsteinschätzungen der Eltern handelte.

***

2.6 Evaluation von Frühfördermaßnahmen

Bisher fehlt es für die Förderung blinder Kinder weitgehend an Studien zur Evaluation der langfristigen Wirksamkeit. Angesichts der methodischen Probleme, vor denen solche Studien stehen, ist diese Forschungslage erklärlich, jedoch unbefriedigend. Um auch für diesen Bereich von evidenz-basierter Förderung sprechen zu können, wären Studien wünschenswert, bei denen verschiedene Förderkonzepte in einem Kontrollgruppen-Design miteinander verglichen und die Komponenten der Förderkonzepte auf ihre spezifische Wirksamkeit untersucht werden. Dies würde eine Parallelisierung von Gruppen nach relevanten Kriterien und eine weitgehend standardisierte Durchführung von Fördermaßnahmen erfordern. Angesichts der relativ kleinen Zahl und der Heterogenität der Gruppe der Kinder mit angeborener Blindheit, die eine hochgradige Individualisierung der Förderung erfordert, ist ein solches Forschungsvorhaben jedoch kaum zu realisieren.

Dennoch sollten auch im Bereich der Frühförderung von blinden Kindern die Fördermaßnahmen auf empirische Forschungsergebnisse begründet werden. Die Förderprogramme, die in verschiedenen internationalen Textbüchern publiziert oder über Internetquellen zugänglich sind, sind insofern forschungsbasiert, als sie auf Studien zu Besonderheiten der Entwicklung blinder Kinder in den einzelnen Entwicklungsbereichen beruhen. Sie stellen systematisch Empfehlungen zur Förderung zusammen, die sich zur Förderung einzelner Fähigkeiten im Bereich der Motorik, des Spiels oder der Kommunikation unter eben diesen Bedingungen bewährt haben (z.B. Pogrund & Fazzi, 2002; Ferrell, 2011; Chen, 2014; Salt et al., 2018).

Es liegen nur zwei Untersuchungen vor, die dem Anspruch gerecht werden, umfassende Förderkonzepte nach forschungsmethodischen Standards auf ihre Wirksamkeit zu evaluieren. Dazu gehört ein Projekt zur Förderung blinder Kinder, das in den 90er Jahren an der Universität Bielefeld unter der Leitung von Prof. M. Brambring durchgeführt wurde. Beelmann & Brambring (1998) analysierten den Entwicklungsverlauf von zehn Kindern, bei denen ein systematisch angelegtes Förderprogramm durchgeführt wurde. Es handelte sich um Kinder, bei denen nach ärztlicher Diagnostik keine zusätzlichen Behinderungen vorlagen. Die Autoren legten besonderen Wert auf die Anleitung der Eltern, sich in ihrer alltäglichen Interaktion auf die blindenspezifischen Unterstützungsbedürfnisse der Kinder einzustellen, sowie auf die Beratung der Eltern im Umgang mit ihren Fragen zur Behinderung und ihren familiären Belastungen.

Die Kompetenzen der Kinder wurden regelmäßig im Alter von 12, 15, 18, 24, 30 und 36 Monaten erhoben und mit einer Kontrollgruppe verglichen, die 40 Kinder umfasste, die eine individuell unterschiedlich gestaltete Hausfrühförderung durch Fachkräfte der Frühförderstellen für blinde Kinder in anderen Regionen erhielten („Treatment-as-usual").

In beiden Gruppen erfolgte die Beurteilung des Entwicklungsverlaufs mit dem „Bielefelder Entwicklungstest für blinde Klein- und Vorschulkinder" (Brambring, 1989). Die Förderung in der Projektgruppe fand in 14-tägigen Abständen als Hausbesuch statt; die Durchführung wurde mit standardisierten Protokollen dokumentiert.

Die Auswertung der Förderprotokolle zeigte, dass sich – bei einer durchschnittlichen Dauer der Hausbesuche von drei Stunden - 52% der Zeit auf kindbezogene Aktivitäten zur Förderung der Feinmotorik (12.8%) und Grobmotorik (11.7%), Kognition (8.0%) und Orientierung (13.3%) bezog. Die Beratung der Eltern (48% der Zeit) bezog sich vor allem auf entwicklungsbezogene Fragen (15.0%), emotionale Belastungen der Eltern (7.4%) sowie medizinische Aspekte der Behinderung (5.5%). Die Einschätzung der elterlichen Mitarbeit durch die Ratingskalen, die die Fachkräfte bei jedem Hausbesuch ausfüllten, zeigte ein hohes

Maß an Interesse der Eltern an den Übungsvorschlägen und an Bereitschaft, die Aktivitäten selbst unter der Supervision der Fachkräfte durchzuführen.

Die Kinder im Förderprogramm erhielten im Durchschnitt 33 Hausbesuche über einen Zeitraum von zwei Jahren. Mit zunehmendem Alter der Kinder nahm der Anteil der Aktivitäten zu, die sich auf die Förderung der kognitiven Entwicklung und der Kompetenzen zur Orientierung und Mobilität bezogen; der Anteil, der sich in der Beratung auf entwicklungsbezogene Fragen bezog, nahm ab, d.h. die Eltern gewannen mehr und mehr Sicherheit in der eigenen Einschätzung der Auswirkungen der Blindheit und der Bedürfnisse ihrer Kinder.

Die Analyse der Entwicklungsfortschritte erfolgte mittels einer Varianzanalyse. Dabei wurde zusätzlich zum Alter der Geburtsstatus der Kinder als unabhängige Variable einbezogen, d.h. ob es sich um ein reif- oder frühgeborenes Kind handelte. Bei reifgeborenen Kindern fand sich durchweg ein größerer Entwicklungsfortschritt der Kinder, die an dem systematischen Förderprogramm teilgenommen hatten, im Vergleich zur Kontrollgruppe. Der Unterschied erreichte allerdings nur zum Untersuchungszeitpunkt von 30 Monaten statistische Signifikanz. Besonders deutlich waren die Unterschiede in den Bereichen „lebenspraktische Fertigkeiten" und „Orientierung und Mobilität", die offenbar effektiver durch die systematische Förderung unterstützt wurden als in der Vergleichsgruppe. Dass sich bei der letzten Untersuchung im Alter von 36 Monaten nicht erneut ein signifikanter Unterschied zeigte, erklärten die Autoren mit Deckeneffekten – die Projektgruppe hatte bereits im Alter von 30 Monaten fast alle Kompetenzschritte erreicht, die in der entsprechenden Skala abgebildet wurden.

Die Ergebnisse des Forschungsprojekts von Beelmann & Brambring (1998) sprechen für die Praktikabilität und Akzeptanz eines Frühförderkonzepts, das konkrete Empfehlungen zur Anpassung an blindenspezifische Bedürfnisse der Kinder bei alltagsintegrierten Aktivitäten mit einer Beratung der Eltern zu ihren entwicklungsbezogenen Fragen und ihrer familiären Belastung verbindet. Die Wirksamkeit ist besonders deutlich bei den Entwicklungsbereichen, in denen blinde Kinder einen spezifischen Unterstützungsbedarf haben.

Allerdings zeigten sich signifikante positive Effekte nur bei reifgeborenen Kindern mit angeborener Blindheit. Offenbar wird die Entwicklung frühgeborener Kinder von zusätzlichen neurobiologischen Faktoren bestimmt, so dass über die blindenspezifische Förderung und Beratung hinaus weitere Förder- und Behandlungsmaßnahmen für den Entwicklungsfortschritt eine Rolle spielen, die in diesem Forschungsprojekt nicht systematisch analysiert werden konnten.

Auf der Grundlage dieses Projekts veröffentlichte Brambring (1999 a, b) ein umfassendes Konzept zur Entwicklungsdiagnostik und Entwicklungsförderung, das insgesamt 11 Beobachtungsbögen sowie die theoretischen Grundlagen der dort berücksichtigten Entwicklungsbereiche und konkrete Empfehlungen für die Frühförderung umfasst. In seinem Buch „Lehrstunden eines blinden Kindes" (Brambring, 2000) beschreibt der Autor an einem Einzelfallbeispiel den Verlauf der Entwicklung eines blinden Mädchens in den ersten Lebensjahren auf der Basis von Hausbesuchen, die er in der Regel in 14-tägigen Abständen zur Beobachtung, Entwicklung von Fördervorschlägen und Beratung der Eltern durchgeführt hat. Sie wurden jeweils in Briefen zusammengefasst, die er den Eltern nach den Hausbesuchen zuschickte. Auch die Eltern selbst kommen mit ihren Erfahrungen, ihrer Reaktion auf die Diagnosemitteilung sowie ihren Sorgen und Zukunftsfragen zu Wort.

Wesentliche Prinzipien der Unterstützung von blinden Kindern werden beschrieben:

- Intensiver Körperkontakt,
- Vorankündigungen von Aktivitäten als Hilfe zur Orientierung,
- Handführung von hinten als Unterstützung der Exploration,
- lautliche und sprachliche Begleitung der Handlungen,
- korrekte Benennung von Gegenständen und Handlungen,
- Anbahnung des Such- und Greifverhaltens,
- Stärkung der Mobilität,
- Prävention von Stereotypien,

- Kontakt zu sehenden Kindern,
- Förderung von kognitiven Fähigkeiten,
- Orientierung und Mobilität.

Fotos illustrieren Meilensteine der Entwicklung. Aus dem gleichen Forschungsprojekt entstand eine Lehrfilmreihe zu Entwicklungsbesonderheiten blinder Kinder, von der bisher DVDs mit Videobeispielen zur Entwicklung grob- und feinmotorischer Fähigkeiten veröffentlicht sind (Brambring, o.J.).

Aus einer Londoner Arbeitsgruppe stammt eine zweite Studie, die das Ziel hatte, die Wirksamkeit eines strukturierten Curriculums („Developmental Journal for babies and young children with visual impairment"; DJVI; Salt et al., 2018[2]) im Vergleich zur Förderung durch Fachkräfte mit blindenspezifischer Expertise, die sich jedoch nicht an diesem Programm orientierte, zu prüfen („treatment-as-usual"). Dale et al. (2018) legten Daten über einen Zeitraum von 12 Monaten vor und führten eine Nachuntersuchung nach einem weiteren Jahr durch. Der Förderverlauf wurde auch in diesem Projekt von den Fachkräften laufend protokolliert.

Die Untersuchungs- und Kontrollgruppe, deren Rekrutierung in dem Artikel sorgfältig beschrieben ist, umfasste jeweils 27 Kinder, die zum Zeitpunkt des Beginns der Förderung zwischen acht und 16 Monate alt waren. Es handelte sich bei allen Kindern um Kinder mit angeborenen schweren peripheren Sehschädigungen, bei denen keine zusätzlichen neurologischen Bewegungsstörungen, Hörbehinderung oder eine sehr unreife Geburt vorlagen. 13 der 54 Kinder waren vollständig blind oder verfügten nur über Lichtscheinwahrnehmung. Schweregrad der Sehschädigung und Ausgangsentwicklungsniveau unterschied sich nicht zwischen Projekt- und Kontrollgruppe. Die Projektgruppe wurde nach dem o.g., strukturierten Curriculum in enger Kooperation mit den Eltern gefördert. Die Förderung umfasste Hausbesuche sowie Besuche der Fachkraft in der Kindertagesstätte, die das Kind besuchte. Im Durchschnitt erfolgten 12-13 Besuche im Laufe des Untersuchungszeitraums von einem Jahr, d.h. in vierwöchigen Abständen.

Die Evaluation erfolgte mittels drei Skalen der Reynell-Zinkin-Scales (sensomotorische Kompetenz, Sprachverständnis und Sprachproduktion). Für den Gruppenvergleich wurden die Referenzwerte für sehende Kinder herangezogen, die für diese Skala vorliegen, da die Normwerte für sehbehinderte und blinde Kinder, die von Reynell in den 70er Jahren mitgeteilt wurden, als nicht hinreichend zuverlässig und veraltet angesehen wurden. Zusätzlich wurden Verhaltensauffälligkeiten der Kinder mittels der Child Behavior Checklist (CBCL) und Elternbelastungen mittels des Parenting Stress Index – Short Form (PSI – SF) beurteilt. Außerdem beurteilten die Mütter die Zufriedenheit mit der Unterstützung, die sie von den Fachkräften erhalten hatten.

Der Vergleich des Entwicklungsverlaufs zwischen der Gruppe, die nach dem strukturierten Curriculum (DJVI) gefördert wurde, und der Kontrollgruppe zeigte eine Tendenz zu größeren Fortschritten in der ersten Gruppe. Ihr Entwicklungsquotient lag am Ende des Förderzeitraums in den Entwicklungsbereichen „sensomotorische Kompetenzen“, „rezeptive Sprache“ und „expressive Sprache“ um 5-16 EQ-Punkte höher als in der Kontrollgruppe. Allerdings erreichten die Unterschiede nicht das übliche statistische Signifikanzniveau, was mit dem geringen Stichprobenumfang und einer beträchtlichen inter-individuellen Variabilität der Entwicklungsfortschritte innerhalb beider Gruppen zu erklären ist.

Bei 16 Kindern gab es einen Hinweis auf eine Störung der Hirnreifung; bei sechs Kindern der Gesamtgruppe kam es zu einem Entwicklungsstillstand, fünf Kinder wiesen ein Jahr nach Beendigung des Untersuchungszeitraums eine intellektuelle Behinderung auf. Wenn man diese Kinder bei der Auswertung unberücksichtigt ließ, waren die Entwicklungsfortschritte im Bereich der expressiven Sprache mit 11-13 EQ-Punkten signifikant größer als in der Kontrollgruppe.

Deutliche Unterschiede zeigten sich darüber hinaus in Abhängigkeit vom Grad der Sehschädigung. Der Entwicklungsfortschritt in der Gruppe der sehbehinderten

Kinder war signifikant größer als in der Gruppe der blinden Kinder. Dieser Unterschied zeigte sich jedoch nur bei der Auswertung der Gesamtgruppe, während sich die Entwicklungsfortschritte von sehbehinderten und blinden Kindern nicht signifikant unterschieden (und individuell sehr unterschiedlich waren), wenn man nur die Kinder betrachtete, bei denen keine Hinweise auf eine Störung der Hirnreifung oder einen Entwicklungsstillstand vorlagen.

Der Vergleich der Ausprägung von Verhaltensauffälligkeiten und die Elternbelastung zeigte ebenfalls Unterschiede zugunsten der Gruppe, die eine Förderung nach dem strukturierten Curriculum erhalten hatte. Diese Kinder zeigten tendenziell weniger Verhaltensauffälligkeiten aus Sicht der Eltern (der Unterschied im sozialen Rückzugsverhalten war signifikant in der Gruppe der Kinder, bei denen keine Anzeichen für eine Störung der Hirnreifung vorlagen), die Eltern fühlten sich in der Interaktion mit ihren Kindern weniger belastet. Auch die subjektive Zufriedenheit der Eltern mit der Frühförderung war in der Projektgruppe etwas höher.

Trotz der methodischen Sorgfalt, mit der die Rekrutierung der Stichprobe, die Parallelisierung der beiden Gruppen sowie die Darstellung der statistischen Auswertung erfolgte, bleiben einige methodische Probleme, die die Interpretation der Daten erschweren. So gab ein Teil der Fachkräfte zwar an, nach dem strukturierten Curriculum zu arbeiten; dies spiegelte sich jedoch in den Protokollen der Hausbesuche und Besuche in der Kindertagesstätte so nicht wider. Auch lässt sich nicht beurteilen, wie die Fachkräfte die Eltern konkret in die Förderung einbezogen und wie gut ihnen dies gelang. Ein weiterer einschränkender Faktor ist, dass ein beträchtlicher Teil der Kinder bereits im Laufe des zweiten Lebensjahres in eine Kindertagesstätte aufgenommen wurde, so dass die Förderung nicht mehr mit den Eltern, sondern mit den dortigen Fachkräften fortgeführt wurde.

Bei vorsichtiger Interpretation lässt sich dennoch aus den Ergebnissen schließen, dass eine Förderung mit einem strukturierten, auf die spezifischen Bedürfnisse sehbehinderter und blinder Kinder abgestimmten Programm in Zusammenarbeit mit den Eltern bei einem Teil der Kinder einen größeren Entwicklungsfortschritt bewirkte als in der Vergleichsgruppe. Der Effekt scheint jedoch bei blinden Kindern weniger deutlich zu sein als bei sehbehinderten Kindern und zeigt sich am stärksten im Bereich der expressiven Sprachentwicklung bei Kindern, bei denen keine Hinweise auf eine Störung der Hirnreifung vorliegen. In diesem Bereich scheint der hohe Strukturierungsgrad und die Systematik der Förderung die Entwicklung der Kinder also zu erleichtern, sofern keine zusätzlichen Beeinträchtigungen vorliegen. Außerdem scheint eine Förderung nach einem strukturierten Curriculum einen Beitrag zur Sicherheit der Eltern im Umgang mit Verhaltensweisen ihrer Kinder zu leisten, zur Reduzierung ihrer Belastung in der alltäglichen Interaktion mit den Kindern und zu einer höheren Zufriedenheit mit der Frühförderung.

Fasst man die Ergebnisse der beiden vorliegenden Evaluationsstudien zusammen, so lässt sich daraus schließen, dass eine familienorientierte Frühförderung, die die Eltern mit konkreten und systematisch auf den Entwicklungsstand der Kinder abgestimmten Empfehlungen unterstützt, sich auf die blindenspezifischen Bedürfnisse ihres Kindes in der alltäglichen Interaktion einzustellen, in Verbindung mit einer Beratung zum Umgang mit entwicklungsbezogenen Fragen und familiären Belastungen eine optimale Unterstützung für die Entwicklung der Kinder bietet. Bei Kindern mit zusätzlichen Beeinträchtigungen (z.B. durch eine sehr unreife Geburt, motorische oder intellektuelle Behinderungen oder duale Sinnesbehinderung) ist jedoch damit zu rechnen, dass die Wirkungen einer Hausfrühförderung geringer sind, wenn sie nur in mehrwöchigen Abständen stattfindet. Hier ist eine intensivere Intervention angezeigt, um allen Förder- und Behandlungsbedürfnissen der Kinder und dem Beratungsbedarf ihrer Familien gerecht zu werden.

*** Ein Blick in die Forschung: Zufriedenheit mit der Frühförderung

Hintermair, M., Sarimski, K. & Lang, M. (2012):

Familienorientierte Frühförderung blinder und sehbehinderter Kinder – längsschnittliche Ergebnisse einer Befragung von Eltern

Blind-sehbehindert, 132, 1, 6-19

Es wurden 22 Eltern von sehbehinderten/blinden Kleinkindern, davon 13 Eltern zu zwei Zeitpunkten im Abstand von einem Jahr, zu ihrem Belastungserleben sowie zu ihrer Zufriedenheit mit der erhaltenen Frühförderung befragt. Das durchschnittliche Alter der Kinder bei der Erstbefragung betrug 28 Monate. Eine qualitative Analyse der Zufriedenheit mit den erhaltenen Hilfen durch die Frühförderung sowie mit der Kooperation mit den Fachkräften der Frühförderung zeigt bei grundsätzlich hoher Zufriedenheit der Eltern, dass im Umgang mit Interaktionsproblemen und bei der emotionalen Bewältigung der Herausforderungen im Alltag ergänzender Unterstützungsbedarf besteht. So äußerten sich etwa 40% der Eltern zu beiden Zeitpunkten unzufrieden mit der Beratung zum Umgang mit schwierigen Verhaltensweisen, mit der Unterstützung beim Umgang mit Behörden und/oder Krankenkassen, mit der Aufklärung über künftige Entwicklungsaussichten und mit der Berücksichtigung der Bedürfnisse der Familie als Ganzes. Diese Ergebnisse deuten – wenn auch auf der Basis einer nicht repräsentativen, kleinen Stichprobe – darauf hin, dass die Frühförderung den elterlichen Erwartungen nicht immer ausreichend gerecht wurde.

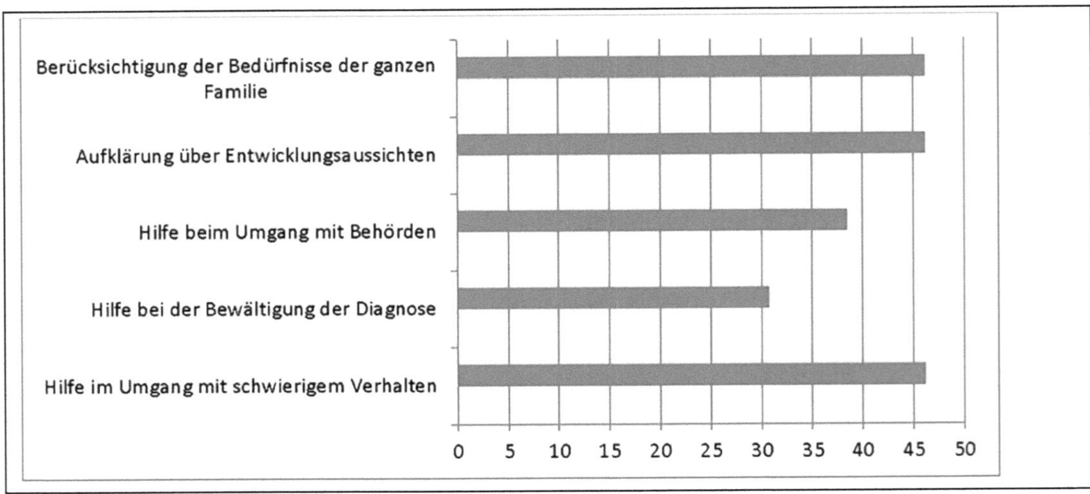

Abb. 5 Relativer Anteil (in %) von Eltern blinder und sehbehinderter Kinder, die sich mit einzelnen Aspekten der Frühförderung unzufrieden äußern (Hintermair et al., 2012)

3 Familienerleben und Familienbelastungen

Bevor auf die Auswirkungen von Blindheit auf die einzelnen Entwicklungsbereiche eingegangen wird, soll die Situation der Familien erörtert werden, auf die sich die Fachkräfte der Frühförderung blinder Kinder einstellen müssen, um dem Anspruch familienorientierter Förderung gerecht zu werden. Eine Auseinandersetzung mit dieser Situation scheint wichtig, um den Erwartungen der Eltern an die Unterstützung durch die Fachkräfte in angemessener Weise gerecht zu werden.

3.1 Reaktionen auf die Mitteilung der Diagnose

Die Diagnose, dass ihr Kind blind ist, trifft Eltern in der Regel unvorbereitet. Wenn nicht durch Ereignisse während der Schwangerschaft bzw. durch vorgeburtliche Diagnostik bereits Verdachtsmomente aufkommen, gehen Eltern davon aus, dass sie ein gesundes Kind zur Welt bringen. Entsprechend intensiv sind die Gedanken und Gefühle, die Eltern nach der Diagnosestellung bewegen.

In mehreren Studien wurden solche Gedanken und Gefühle in qualitativen Interviews analysiert. Hancock et al. (1990) befragten Mütter von blinden oder sehbehinderten Kindern rückblickend zu ihren Erinnerungen an die Diagnosemitteilung. Schock und Depression standen als erste Reaktionen im Vordergrund. In der folgenden Zeit war es vor allem die Suche nach spezifischer Unterstützung, die die Eltern beschäftigte. Sie empfanden viele Empfehlungen und Vorschläge als ungeeignet für ihr Kind, wenn sie von Fachkräften stammten, die keine ausreichende Erfahrung mit der Arbeit mit blinden oder sehbehinderten Kindern hatten. Die Mehrzahl der befragten Eltern fand jedoch im Laufe der Zeit ihr psychisches Gleichgewicht wieder und entwickelte eine positive, optimistische Grundhaltung zu den besonderen Herausforderungen, die mit der Erziehung und Förderung ihrer Kinder verbunden waren.

Walthes et al. (1994) befragten in einer deutschen Stichprobe 31 Familien mit Kindern mit schweren Sehschädigungen zu ihren Erfahrungen mit Geburtskliniken sowie nachfolgenden Kontakten mit Augenkliniken und pädiatrischen Facheinrichtungen. Die Antworten der Mütter (und Väter) zeigen die große psychische und physische Belastung, die sie bei ärztlichen Untersuchungen und

Klinikaufenthalten erleben. Sie vermissten eine ausreichende Kommunikationsbereitschaft, Beratung und Information durch die Ärztinnen und Ärzte, Austauschmöglichkeiten mit anderen Eltern, Gelegenheiten zur Mitsprache bei Entscheidungen, erlebten die medizinischen Vorgänge als intransparent, die Gesprächsgestaltung bei der Mitteilung der Diagnose als wenig einfühlsam und hätten sich mehr weiterführende Informationen über Hilfsangebote und Unterstützungsmöglichkeiten gewünscht.

Grundsätzlich gilt unabhängig von der Art der Behinderung:

Eine Behinderung eines Kindes greift tief in das Leben der betroffenen Familien ein und wird zum zentralen Dreh- und Angelpunkt der eigenen zukünftigen Lebensplanungen. Die Eltern müssen sich mit der Enttäuschung und Trauer über die Behinderung auseinandersetzen, mit möglichen Schuldgefühlen, Vorwürfen oder Zorn auf Ärztinnen und Ärzte, Unsicherheiten über die zukünftigen Entwicklungsperspektiven, Belastungen der Beziehung zu Partner, Verwandten und Freunden, Problemen der Bewältigung von Pflege- und Behandlungsaufgaben im Alltag und möglicherweise Entscheidungen zwischen verschiedenen Behandlungsalternativen.

In jedem Fall bedeutet die Mitteilung einer Behinderung, dass die Eltern ihre Erwartung an eine unbeschwerte gemeinsame Entwicklung aufgeben und sich mit unsicheren Entwicklungsperspektiven auseinandersetzen müssen. Die Diagnose nimmt ihnen zunächst das Vertrauen auf ihre intuitiven Kompetenzen, ihrem Kind eine gute Entwicklungsumgebung und Erziehung bieten zu können. Sie fühlen sich dem Schicksal gegenüber ohnmächtig und es fehlt ihnen an Anhaltspunkten, was sie für die Entwicklung ihres Kindes tun können und worauf sie sich in der Zukunft einstellen müssen. In diesem Sinne muss die Mitteilung einer dauerhaften Behinderung als potentielle Traumatisierung angesehen werden.

Eltern unterscheiden sich in ihrer Fähigkeit, eine solche potentiell traumatisierende Erfahrung zu bewältigen und ihr inneres Gleichgewicht wiederzufinden. Eltern, bei denen es nicht zu einer nachhaltigen psychischen Belastung kommt, gelingt es, sich nach einiger Zeit auf die Gegenwart und den unmittelbaren Alltag mit dem Kind zu konzentrieren, einen realistischen Blick für seine Fortschritte zu entwickeln und die

Suche nach Gründen für diesen Schicksalsschlag, Selbstvorwürfe oder wütende Vorwürfe an Andere hinter sich zu lassen.

3.2 Familiäres Belastungserleben

Eine große Zahl von Studien hat – erwartungsgemäß – eine überdurchschnittliche subjektive Belastung von Eltern von Kindern mit unterschiedlichen Behinderungen im Vergleich zur Belastung von Eltern, deren Kinder sich altersgemäß und unauffällig entwickeln, nachgewiesen. Dazu wurden jeweils standardisierte Fragebögen eingesetzt, z.B. der „Parenting Stress Index“ (PSI; dt. Version „Eltern-Belastungs-Index“, EBI). In den meisten Studien wurden dazu die Mütter befragt.

Viele Mütter von blinden bzw. sehbehinderten Kindern beschreiben sich sowohl in schriftlichen Befragungen als auch in Interviews als überdurchschnittlich hoch belastet.

Leyser et al. (1996) berichteten über eine quantitative Erhebung, Leyser & Heinze (2001) über die Ergebnisse einer qualitativen Befragung zu Sorgen und Bewältigungsstilen von 130 Familien mit sehbeeinträchtigten Kindern, darunter 28 Kinder unter sechs Jahren. Fast alle Eltern äußerten sich besorgt um die Zukunft des Kindes (97%), waren auf der Suche nach Einrichtungen und Fördermöglichkeiten, die seinen Bedürfnissen gerecht werden (87%). Etwa die Hälfte der befragten Eltern beklagte, zu wenig Zeit für sich und für den Partner zu haben; ebenso viele machten sich Sorgen um die Auswirkungen auf die Geschwisterkinder.

Als hilfreich sahen sie eine gute Aufklärung über die Behinderung und die Fördermöglichkeiten durch Fachleute (Ärztinnen bzw. Ärzte und Pädagoginnen bzw. Pädagogen) sowie Gespräche mit ihrem jeweiligen Partner und ihren Freunden an, aber auch Entlastungsangebote zur Remobilisierung ihrer Kräfte. Immerhin 28% äußerten, dass ihr Familienzusammenhalt durch die Auseinandersetzung mit der Sehbeeinträchtigung des Kindes enger geworden sei.

Tröster (1999) bat in einer deutschen Erhebung 47 Mütter von blinden und sehbehinderten Kindern im Alter von acht Monaten bis sieben Jahren um ihre

Einschätzung der erlebten Belastung. Er verwendete dazu den „Parenting Stress Index" (PSI). 42% der Kinder in dieser Stichprobe hatten eine zusätzliche geistige Behinderung, 15% eine Körper- oder Hörbehinderung. Viele Mütter beklagten die mit der Behinderung verbundenen persönlichen Einschränkungen, Beeinträchtigungen der Partnerbeziehung, gesundheitliche Beeinträchtigungen und soziale Isolation. Die individuell erlebte Belastung der Mütter war besonders hoch, wenn zusätzliche Beeinträchtigungen der Entwicklung vorlagen (Mehrfachbehinderung) oder wenn eine (alleinerziehende) Mutter wenig Unterstützung erfuhr. Insgesamt beschrieben sich die Mütter blinder und sehbehinderter Kinder als stärker belastet als die Mütter nicht behinderter Kinder, die eine Kontrollgruppe bildeten.

Sakkalou et al. (2017) erhoben im Rahmen der bereits erwähnten Begleitforschung zur Evaluation eines systematischen Förderprogramms („Developmental Journal for babies and young children with visual impairment"; DJVI; Salt et al., 2018[2]) in England ebenfalls die subjektive Belastung, Ängste und depressive Stimmungslagen von 79 Müttern sehbehinderter und blinder Kinder. Die Förderung setzte im Alter von 8-16 Monaten ein. Die genannten Belastungsmerkmale wurden zu Beginn der Förderung und ein Jahr später mittels standardisierter Fragebögen (u.a. „Parenting Stress Index – Short Form") erhoben.

Auch in dieser Studie, die sich auf sehr junge Kinder bezog, zeigte sich eine überdurchschnittlich hohe Belastung der Mütter blinder Kinder im Vergleich zu den Referenzwerten des Fragebogens, der sich auf das Erleben von Müttern bezog, deren Kinder keine Entwicklungsstörung aufweisen. 34.6% der Mütter erreichten Belastungswerte im klinisch auffälligen, behandlungsbedürftigen Bereich. Allgemeine Angstsymptome und Symptome depressiver Stimmungslagen waren dagegen nicht häufiger zu beobachten als in der Referenzgruppe. Sofern sie von den Müttern berichtet wurden, waren sie mit einer erhöhten Belastung in der Eltern-Kind-Interaktion assoziiert.

Während zum ersten Erhebungszeitpunkt sich auch die Mütter sehbehinderter Kinder als hoch belastet schilderten, nahm deren Belastung im Verlauf des Jahres ab, in dem sie an dem Frühförderprogramm teilnahmen. Die subjektive Belastung der Mütter blinder Kinder blieb dagegen hoch. In einer Regressionsanalyse erwiesen sich die erlebte Belastung zum ersten Erhebungszeitpunkt und der Schweregrad der Sehschädigung (sehbehindert vs. blind) als Prädiktoren der erlebten Belastung zum zweiten Untersuchungszeitpunkten; die beiden Faktoren erklärten allerdings nur 42% der Varianz des Belastungserlebens. Das spricht dafür, dass die erlebte Belastung nicht nur vom Schweregrad der Sehschädigung, sondern auch von anderen individuellen und sozialen Faktoren beeinflusst wird.

*** Ein Blick in die Forschung: Familienbezogene Lebensqualität von Müttern blinder Kinder

Risch, A., Caesar, I. & Sarimski, K. (2010):

Familienbezogene Lebensqualität bei Kindern blinder Kinder – eine Befragung von Müttern in Frühförderstellen

Blind-sehbehindert, 130, 4, 224-231

Es wird über eine Untersuchung mit dem Fragebogen zur familienbezogenen Lebensqualität (FLQ) berichtet, in der die Mütter von 55 blinden Kindern im Kleinkind- und Vorschulalter befragt wurden. Die Erfassung familienbezogener Lebensqualität richtet sich sowohl auf Einschränkungen, die mit der Erziehung und Versorgung des Kindes für das eigene Leben verbunden sind, wie auch mögliche positive Veränderungen der eigenen Perspektiven. Die befragten Mütter berichten über deutliche persönliche Einschränkungen, aber eine relativ hohe Zufriedenheit mit der sozialen Unterstützung, die sie in ihrer Familie erleben. Mütter von blinden Kindern mit zusätzlichen Behinderungen schätzen ihre Lebensqualität in allen Bereichen weniger günstig ein als Mütter von blinden Kindern ohne zusätzliche Behinderung.

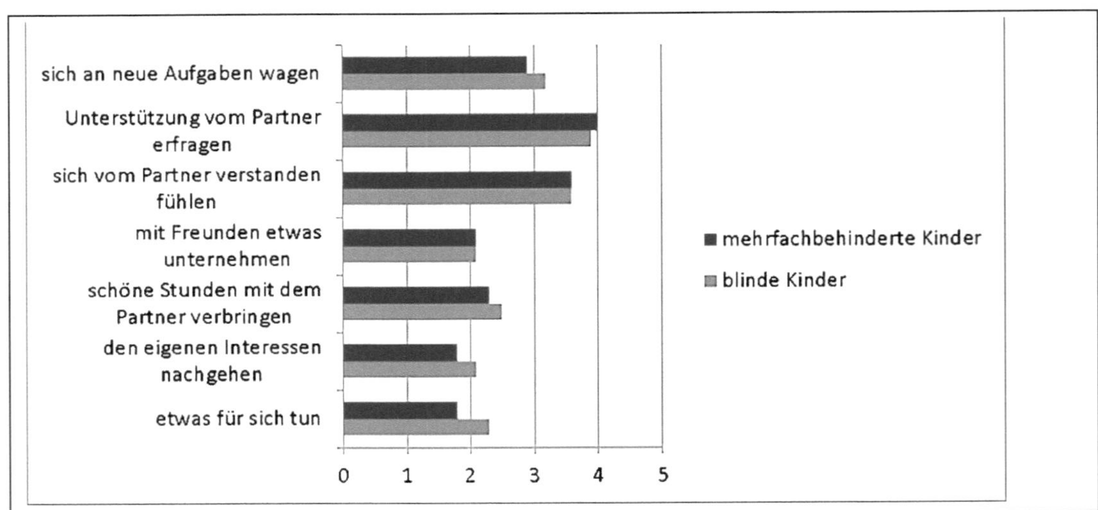

Abb. 6 Mittlere Einschätzung der Ressourcen für familienbezogene Lebensqualität von Müttern blinder, bzw. mehrfachbehinderter Kinder (1 = gar nicht verfügbar; 4 = voll und ganz verfügbar; Risch et al., 2010)

***

Ein systemisches Modell, das sich an allgemeinen Konzepten zur Belastungsbewältigung zur Erklärung familiärer Anpassungsprozesse orientiert, ist das ABC-X-Modell. Es stellt die kognitive Bewertung der Behinderung des Kindes, die verfügbaren persönlichen und sozialen Ressourcen und die Bewältigungsstrategien aller Beteiligten in den Mittelpunkt. Dieses Modell wird der individuellen Variabilität der familiären Anpassungsprozesse am besten gerecht und richtet die Aufmerksamkeit auf einzelne Einflussfaktoren auf die erlebte Belastung, die Ansatzpunkte für familien-unterstützende Interventionen bieten. Die folgende Darstellung orientiert sich daher an diesem Modell und stützt sich auf eine zusammenfassende Übersicht über den Forschungsstand, die im „Handbuch interdisziplinäre Frühförderung" (Sarimski, 2017), sowie auf Empfehlungen für die Praxis familienorientierter Frühförderung, die in dem Band „Familienorientierte Frühförderung von Kindern mit Behinderung" (Sarimski et al., 2013) ausführlich dargestellt und mit Quellen belegt sind.

Zahlreiche Forschungsarbeiten zeigen, dass persönliche und soziale Bewältigungsressourcen einen mindestens ebenso starken Einfluss auf die erlebte Belastung haben wie der Schweregrad der Behinderung selbst. Das gilt für Familien mit geistig behinderten, körperlich behinderten Kindern oder Kindern mit Sinnesbeeinträchtigungen gleichermaßen, d.h. weitgehend unabhängig von der jeweiligen Behinderung.

Familien unterscheiden sich darin, wie sie sich mit den Auswirkungen der Behinderung auf ihre familiäre Entwicklung auseinandersetzen, über ihr Erleben miteinander kommunizieren und nach Lösungen für Probleme suchen. Auch wenn die alltäglichen Betreuungsaufgaben als belastend erlebt werden, berichten viele Eltern von einer Steigerung des Familienzusammenhalts. Bei ähnlichem Schweregrad der Behinderung gelingt es ihnen über die Zeit hinweg, eine beträchtliche familiäre Lebensqualität (wieder) zu finden, während andere Familien auch mehrere Jahre nach der Diagnosemitteilung noch sehr mit dem Schicksal hadern und sich als in hohem Maße belastet erleben.

Ein grundsätzlicher Optimismus, mit Herausforderungen im Leben fertig werden zu können, und Zuversicht in die künftige Entwicklung des Kindes gehen mit einer geringeren Einschränkung im persönlichen Wohlbefinden und einem positiven, entwicklungsförderlichen Elternverhalten einher. Ein hohes Maß an wechselseitiger Unterstützung durch die Partner korreliert mit einer solchen optimistischen Grundhaltung und wirkt als Schutzfaktor gegen psychische Belastungsreaktionen. Problemorientierte Bewältigungsstile, d.h. eine aktive Auseinandersetzung mit den Herausforderungen, und die Suche nach sozialer Unterstützung gehen ebenfalls mit einer höheren psychischen Stabilität der Eltern einher.

Einige Untersuchungen sprechen auch dafür, dass Eltern für sich selbst positive Auswirkungen in der Konfrontation mit der Behinderung ihres Kindes erleben. Sie berichten, dass sich verändert, was sie in ihrem Leben als wichtig empfinden, schätzen die positive Ausstrahlung und Lebensfreude ihrer Kinder als Bereicherung und sind stolz, dass sie sich neue Kompetenzen in der Bewältigung des Alltags angeeignet haben, über die sie zuvor nicht verfügten.

3.3 Unterstützungsansätze für die Fachkräfte der Frühförderung

Angesichts der vielfältigen Auswirkungen der Diagnosemitteilung auf das Erleben der Eltern, sollten sich die Fachkräfte zu Beginn der Zusammenarbeit zunächst Zeit für ein ausführliches Gespräch nehmen, in dem die Eltern über ihre Erinnerungen an die Umstände von Schwangerschaft und Geburt, die Zeit bis zur Diagnosemitteilung und die Diagnosemitteilung selbst sprechen.

Einem empathischen Zuhörer von Ereignissen zu erzählen, die Gefühle der Ohnmacht und Hilflosigkeit haben entstehen lassen und das Selbstwertgefühl der Eltern nachhaltig beeinträchtigen, kann – das zeigen die klinischen Erfahrungen mit post-traumatischen Belastungsstörungen im Allgemeinen – zu einer Entlastung und zu einer allmählichen Integration des Geschehens in die eigene Biografie beitragen. Manchmal erleben die Eltern es bereits als hilfreich zu erfahren, dass ihre Gefühle von Trauer, Wut, Verzweiflung völlig normal sind. In anderen Fällen ist es sinnvoll, Ängste vor der Zukunft („Katastrophenvorstellungen") zu hinterfragen und mit den Eltern an realistischen Zukunftsperspektiven für sich und das Kind zu arbeiten.

Dabei kann es nützlich sein, mit den Eltern auch einen Blick auf ihre eigenen biografischen Erfahrungen zu werfen. Nicht selten waren Eltern schon vor der Mitteilung der Behinderung ihres Kindes mit anderen kritischen Lebensereignissen konfrontiert (z.B. dem Verlust eines eigenen Elternteils oder der Trennung von einem Partner). Ein Rückblick, was ihnen damals geholfen hat, die Situation zu meistern und ihr inneres Gleichgewicht wiederzufinden, kann helfen, die eigenen Ressourcen klarer zu erkennen und für die gegenwärtige Herausforderung zu mobilisieren.

Zutrauen in die eigenen Kompetenzen zur Entwicklungsförderung ist für die psychische Stabilisierung der Eltern von besonderer Bedeutung. Deshalb ist es wichtig, dass Fachkräfte der Frühförderung von Beginn ihrer Zusammenarbeit die aktive Beteiligung der Eltern an der Frühförderung in den Mittelpunkt stellen.

Statt sich hilflos zu fühlen und die Förderung als Aufgabe von Fachkräften anzusehen, haben sie in der Beratung die Möglichkeit, ihre eigenen Gefühle in der Beziehung zu ihrem Kind zu reflektieren und auf Zusammenhänge mit dem Verhalten des Kindes aufmerksam zu werden. In der Reflexion von gemeinsamen Beobachtungen von Eltern-Kind-Interaktionen erhalten sie ein positives Feedback durch die Fachkraft für entwicklungsförderliche Verhaltensweisen und Hinweise zu möglichen Veränderungen in ihren Vorgehensweisen, die sie für eine günstige Interaktionsgestaltung nutzen können. Auf diese Weise gewinnen sie zunehmend an Vertrauen in ihre eigenen Möglichkeiten, die Entwicklung ihres Kindes zu fördern.

Grundsätzlich geht es auch bei der Stärkung der persönlichen Ressourcen zur Alltagsbewältigung darum, die Eltern bei der Suche nach eigenen, ihnen gemäßen Lösungen im Umgang mit den besonderen Herausforderungen zu unterstützen. Die Beratung bezieht sich dabei immer auf Themen, die mit der Behinderung in Beziehung stehen – z.B. die Tagesstrukturierung und den Umgang mit zeitlichen Belastungen durch Pflege oder Therapie, den Umgang mit Verhaltensauffälligkeiten des Kindes oder mit der Suche nach Möglichkeiten, trotz der Belastungen eigene Bedürfnisse im Blick zu behalten.

Die Beratung unterscheidet sich somit von psychotherapeutischen Interventionen und reflektiert den lebensgeschichtlichen Hintergrund der Eltern nur insoweit, als dieser den Zugang zu eigenen Ressourcen für die Bewältigung der aktuellen Herausforderungen behindert. Eltern, bei denen sich ein psychotherapeutischer Bedarf abzeichnet, der über den geschilderten Beratungsansatz hinausgeht, müssen an Fachärzte und Psychotherapeuten vermittelt werden.

Zu den Ansatzpunkten der Beratung von Eltern gehört auch die Stärkung der sozialen Ressourcen. Ein Teil der Aufgaben der Frühförderung liegt daher darin, die informellen Unterstützungssysteme einer Familie zu stärken und vorhandene, möglicherweise aber bisher nicht genutzte Unterstützung zu mobilisieren oder ergänzende Unterstützungen anzubahnen. Die Unterstützung, die eine Familie benötigt, kann dabei in Informationen über die Behinderung

selbst und die verfügbaren Fördermöglichkeiten, in praktischer Hilfe bei der Bewältigung des Alltags oder in emotionalem Halt bestehen.

Die wichtigste soziale Kraftquelle in Familien, in denen Kinder mit Behinderungen aufwachsen, ist eine stabile Partnerschaft, in der beide Elternteile die Betreuungsaufgaben in regelmäßiger und verlässlicher Form untereinander aufteilen und sich in emotional schwierigen Situationen gegenseitig unterstützen. Beide – Mütter und Väter – haben ihren jeweils individuellen, durch die eigenen biografischen Vorerfahrungen geprägten Weg, mit kritischen Lebensereignissen umzugehen. Es kann daher sinnvoll sein, im Gespräch mit beiden Partnern die wechselseitigen Wünsche und Erwartungen aneinander zu thematisieren, Verständnis für unterschiedliche Reaktionsweisen zu wecken und Spielräume auszuloten, wie sich der Alltag mit seinen vielfältigen Aufgaben am besten organisieren lässt, um einer Überforderung der individuellen Kräfte vorzubeugen.

Gespräche, die den Umgang beider Partner mit den Herausforderungen betreffen, die die Behinderung des Kindes mit sich bringen, haben nicht das Ziel, die partnerschaftliche Beziehungsqualität als Ganzes zu thematisieren. Es handelt sich nicht um familientherapeutische Interventionen. Diese würden einen spezifischen Auftrag seitens der Eltern, der nicht zum Rahmen der Frühförderung gehört, und spezifische Fachkompetenzen des Beraters bzw. der Beraterin erfordern. Die Gespräche sollen vielmehr dazu dienen, die Organisation des familiären Alltags und die Kommunikation zwischen den Partnern zu erleichtern, Sorgen, Ängste und Hoffnungen auszusprechen, die die Eltern sich - ohne die Begleitung im Gespräch durch eine Fachkraft der Frühförderung – womöglich nicht oder nur in wenig konstruktiver Weise mitteilen und sie dafür sensibilisieren, ihre Bedürfnisse als Paar und die Bedürfnisse der anderen Mitglieder der Familie nicht aus dem Auge zu verlieren.

Darüber hinaus geht es in Gesprächen mit den Eltern darum, den Blick für die Möglichkeiten zu öffnen, soziale Unterstützung durch Großeltern, Verwandte und Freunde zu mobilisieren. Oft ist das soziale Umfeld unsicher, wie sie auf die Behinderung eines Kindes reagieren sollen und ob das Angebot von Unterstützung seitens der Eltern gewünscht wird. Den Eltern selbst fällt es oft zunächst schwer,

Großeltern, Verwandten und Freunden offen über die Behinderung zu berichten. Sie glauben, die Aufgaben aus eigener Kraft meistern zu müssen, und verzichten deshalb darauf, von sich um Hilfe zu bitten. Im Gespräch kann die Fachkraft die Bedeutung sozialer Unterstützung für die langfristige Bewältigung der Herausforderungen thematisieren und die Eltern ermutigen, auf Großeltern, Verwandte und Freunde zuzugehen.

Wenn eine Unterstützung durch Mitglieder der weiteren Familie nicht möglich ist, gilt es, frühzeitig familienentlastende Hilfen zu planen, um einer möglichen Überforderung vorzubeugen. An vielen Orten werden solche familienentlastenden Hilfen von freien Trägern angeboten, bei denen Assistenzkräfte (z.B. Studierende) für einige Stunden in der Woche die Betreuungsaufgaben in der Familie übernehmen und die Eltern entlasten.

Eine wichtige soziale Unterstützung kann schließlich auch im Kontakt zu Elterngruppen bestehen, in denen sich Eltern von Kindern mit Behinderungen zusammengeschlossen haben. Diejenigen Eltern, die eine solche Möglichkeit nutzen, erleben diese Kontakte meist als hilfreich, um positive Zukunftsperspektiven zu entwickeln und – durch den Austausch mit Eltern in einer vergleichbaren Lebenssituation – Zuversicht in die eigenen Bewältigungskräfte zu gewinnen. In diesem Zusammenhang kann es für die Eltern auch hilfreich sein, Erwachsene kennenzulernen, die mit der gleichen Behinderung aufgewachsen sind wie ihr Kind. Die Eltern können aus solchen authentischen Berichten erkennen, welche Bedingungen für die Lebensqualität unter den Bedingungen von Blindheit oder Sehbehinderung wichtig sind und welche persönlichen Entwicklungsmöglichkeiten bestehen.

Von den Fachkräften der Frühförderung erfordert dies, sich einen fundierten Überblick über den Alltag der Familie und ihre sozialen Beziehungen zu verschaffen und die Unterstützung auf ihre Ressourcen und individuellen Bedürfnisse abzustimmen.

Eine erfolgreiche Zusammenarbeit setzt ein vertrauensvolles Verhältnis zwischen den Fachkräften und den Eltern voraus. Die Fachkraft muss über Kompetenzen zur Gesprächsführung verfügen:

- aktives Zuhören
- offene Fragen, um die elterlichen Sichtweisen kennenzulernen
- paraphrasierende Zusammenfassungen, um das wechselseitige Verstehen zu sichern
- Verzicht auf rasche Ratschläge
- Respekt vor den Erfahrungen oder auch den kulturspezifischen Haltungen der Eltern
- Sensibilität und Empathie für Äußerungen, die die elterliche Belastung erkennen lassen

3.4 Unterstützung entwicklungsförderlicher Eltern-Kind-Interaktionen

Ein zentrales Element der familienorientierten Arbeit in der Frühförderung ist die Beratung der Eltern in der Gestaltung entwicklungsförderlicher Interaktionen im Spiel und gemeinsamen Alltag. Positive, verlässliche Eltern-Kind-Beziehungen sind dadurch gekennzeichnet, dass die Eltern die Bedürfnisse, Interessen und kommunikativen Beiträge ihres Kindes wahrnehmen, zuverlässig interpretieren und angemessen beantworten. Sensitivität für die Signale und Bedürfnisse des Kindes und Responsivität der Eltern, auf seine Interessen und Beiträge einzugehen, sie aufzugreifen und zu erweitern, sind die wichtigsten Voraussetzungen, um das Kind bei seiner Entwicklung wirksam zu unterstützen.

Eine solche Interaktions- und Beziehungsberatung unterscheidet sich deutlich von traditionellen, kindorientierten Formen der Förderung. Fachkraft, Eltern und Kind interagieren in der Förderung als Triade, die Eltern nehmen aktiv an der Förderung teil, die Fachkraft dient als Modell für die Eltern und kann spezifische Techniken der Unterstützung für das Kind demonstrieren, die gemeinsamen Interaktionen kommentieren und die Eltern in der Art und Weise bestärken, wie sie ihre Interaktionsformen an die individuellen Bedürfnisse ihres Kindes beim Erwerb neuer Kompetenzen anpassen können.

Ein solches Verständnis der Zusammenarbeit mit Eltern ist nicht gleichbedeutend mit einer Anleitung von Eltern zu Co-Therapeuten, wie sie in den Anfängen der

Frühförderung vorherrschte. Es handelt sich vielmehr um eine Art des Coaching, d.h. die Fachkraft und die Eltern treten in einen wechselseitigen Dialog über ihre Erfahrungen, respektieren ihre Sichtweisen als gleichberechtigt, suchen gemeinsam nach Lösungen für Probleme und reflektieren die Erfahrungen bei der Umsetzung von Lösungsideen. Das setzt seitens der Fachkraft die Fähigkeit zu einer offenen, respektvollen Kommunikation, Wissen über entwicklungsförderliche Interaktionsformen und effektive Formen der Rückmeldung an die Eltern bei der Anpassung ihrer Interaktion an die Bedürfnisse des Kindes voraus („guided practice with feedback").

Eine mögliche Ergänzung zur Gestaltung triadischer, gemeinsamer Interaktionen in der Frühförderung besteht darin, die Eltern am Beispiel von einzelnen Videosequenzen aus dem Alltag (z.B. einer Spielsituation, eine Mahlzeit oder Baden des Kindes) zu ihrer Interaktion mit dem Kind zu beraten. Videogestütztes Lernen an Beispielen von Interaktionen mit dem eigenen Kind ist eine sehr wirksame Form, Veränderungen im Interaktions- und Beziehungsverhalten einzuleiten und zum „Empowerment" der Eltern, d.h. zu einer Stärkung ihrer eigenen Kompetenzen zur Gestaltung des Alltags, beizutragen.

In der Praxis hat es sich bewährt, kurze Videoaufzeichnungen (nicht mehr als 10-15 Minuten) zu machen, um sich einen Eindruck von den Interaktionsformen der Eltern und ihrer Passung zu den kindlichen Bedürfnissen zu machen. Daraus wählt die Fachkraft einzelne Szenen aus, die – entsprechende Erfahrung der Fachkraft vorausgesetzt – unmittelbar im Anschluss mit den Eltern gemeinsam betrachtet und besprochen werden.

Im Dialog mit der Fachkraft gewinnen die Eltern an Sicherheit in der Wahrnehmung der kindlichen Ausdrucksformen und Handlungsansätze und erhalten ein Feedback, das ihr Zutrauen in die eigenen Kompetenzen zur Gestaltung entwicklungsförderlicher Interaktionen stärkt. In diesen Dialog fließen Gedanken, Einstellungen, Hoffnungen und Sorgen der Eltern ein und können in ihren Auswirkungen auf die Interaktion und Beziehung mit dem Kind reflektiert werden. Standbilder von gut gelingenden Interaktionen aus den Videoaufzeichnungen wirken als Ankerpunkte für die Veränderung von Interaktionsmustern im Alltag.

Die Fachkraft achtet dabei auf drei Aspekte:

- Wie ist das Spiel- und Kommunikationsverhalten des Kindes, seine Eigeninitiative, Aufmerksamkeit, Ausdauer, Selbstregulationsfähigkeit und Kooperationsbereitschaft in der Situation?
- Wie ist die Spielbereitschaft des Erwachsenen einzuschätzen? Entstehen balancierte Episoden sozialen Spiels? Ist der Erwachsene sensibel für die kindlichen Signale und geht er auf die Beiträge des Kindes ein? Wie lenkt der Erwachsene die Situation? Gibt er angemessene Hilfen und Anregungen, die der Entwicklungsstufe und den blindenspezifischen Bedürfnissen des Kindes entsprechen?
- Besteht eine gute Passung zwischen dem elterlichen Verhalten und dem Hilfebedarf des Kindes?

Die Fachkraft geht dabei zunächst auf Momente des Geschehens ein, in denen die Interaktion gut aufeinander abgestimmt ist, und versucht mit den Eltern zu reflektieren, was zum Gelingen dieser positiven Momente beigetragen haben könnte. Auf diese Weise werden sie für die entwicklungsförderlichen Möglichkeiten sensibilisiert, über die sie in ihrem eigenen Verhaltensrepertoire verfügen, und im Zutrauen zu ihren eigenen Fähigkeiten gestärkt, dass sie die Entwicklung des Kindes selbst wirksam fördern können. Erst wenn die Eltern hinreichendes Zutrauen in ihre eigenen Kompetenzen gewonnen haben und eine vertrauensvolle Arbeitsbeziehung zur Fachkraft besteht, können dann auch ungünstige Verhaltensweisen der Eltern angesprochen werden, z.B. eine übermäßige Lenkung des kindliches Verhaltens, eine Überforderung oder eine unzureichende Sensibilität für seinen Hilfebedarf.

3.5 Einbeziehung von Vätern und Geschwistern

Belastungserleben von Vätern

Die überwiegende Mehrzahl der Forschungsarbeiten zur erlebten Belastung und zu den Einflussfaktoren auf das Gelingen der Anpassungsprozesse an die Herausforderungen, die mit der Erziehung eines Kindes mit einer Behinderung verbunden sind, stützt sich auf Befragungen von Müttern. Dies entspricht den Erfahrungen aus der Praxis, dass Mütter die Hauptansprechpartnerinnen für die

Fachkräfte der Frühförderung in den Familien sind. Familienorientiertes Arbeiten bedeutet jedoch, Väter und Geschwister in die Beratung einzubeziehen, um auch ihren Bedürfnissen nach Unterstützung in dieser besonderen Lebenssituation gerecht zu werden.

Die Mitteilung einer dauerhaften Behinderung des Kindes bedeutet für die Väter ein ebenso eingreifendes Schockerlebnis wie für die Mütter. Sie richten ihr Verhalten in Gesprächen mit Fachleuten jedoch stärker nach den sozialen Erwartungen von Sachlichkeit, Selbstbeherrschung und „Stärke" aus. In fragebogen-gestützten Untersuchungen berichten Väter von Kindern mit geistiger oder körperlicher Behinderung tendenziell weniger Belastungs- und Depressionssymptome als die Mütter, andererseits aber auch seltener positive Auswirkungen auf ihre persönliche Entwicklung. Entsprechende Daten, die sich auf Väter blinder Kinder beziehen, liegen nicht vor. Es ist jedoch anzunehmen, dass sich das Belastungserleben auch in dieser Hinsicht nicht von dem Erleben bei der Konfrontation mit anderen Behinderungen unterscheidet.

Im Vergleich zu den Müttern schätzen Väter ihre persönlichen Ressourcen im Umgang mit herausfordernden Situationen höher ein als Mütter und betonen stattdessen stärker die finanzielle Belastung, Schwierigkeiten in der Organisation des familiären Alltags sowie die Sorge um soziale Ausgrenzung ihrer Kinder als Belastungsfaktoren. Dies hat u.U. damit zu tun, dass die Väter weniger Zeit im Alltag mit den Kindern verbringen und damit weniger mit Verhaltensauffälligkeiten konfrontiert sind als die Mütter.

Die Bewältigungsstile von Müttern und Vätern scheinen sich zu unterscheiden, wobei in beiden Gruppen die individuelle Variabilität groß ist. Tendenziell ist es Müttern wichtiger als Vätern, soziale Unterstützung für die Bewältigung des Alltags zu mobilisieren. Sie äußern mehr Bedürfnisse nach Beratung.

Väter sprechen – zumindest aus Sicht ihrer Partnerinnen – seltener über ihre Emotionen, die mit der Behinderung des Kindes verbunden sind. Sie setzen demgegenüber häufiger auf handlungs- und problemorientierte Strategien, z.B. indem sie behinderungsrelevante Informationen sammeln, um wieder Sicherheit

zu gewinnen. Ein solcher problem-orientierter Bewältigungsstil wird von den Partnerinnen als Unterstützung für die Bewältigung des Alltags durchaus geschätzt. Ein Teil der Väter neigt allerdings auch zum Ausweichen vor der Auseinandersetzung mit der Behinderung und „hofft auf ein Wunder".

Die Beteiligung von Vätern an der Frühförderung variiert mit dem Lebensalter der Kinder. Wenn eine Behinderung unmittelbar in der ersten Zeit nach der Geburt des Kindes diagnostiziert wird, zeigen sich viele Väter zunächst sehr bereit, sich an Gesprächen über die Behinderung und an ersten Fördermaßnahmen zu beteiligen. Diese Bereitschaft lässt aber über die Zeit hinweg nach, wenn sich erste Alltagsroutinen eingespielt haben.

Beteiligung an der Frühförderung

Zur Beteiligung von Vätern an der Frühförderung blinder und sehbehinderter Kinder liegen keine spezifischen Erfahrungen vor. Zwei Studien haben sich jedoch mit der Beteiligung von Vätern an der Frühförderung von Kindern mit globaler Entwicklungsstörung, bzw. Hörschädigung beschäftigt (Ly & Goldberg, 2014; Hintermair & Sarimski, 2018). In beiden Studien gaben die Väter, die sich nicht an der Frühförderung beteiligten, als Grund an, dass die Termine mit ihren beruflichen Aufgaben nicht zu vereinbaren seien. Einige Väter äußerten jedoch auch den Eindruck, dass ihre Beteiligung an den Terminen von den Fachkräften der Frühförderung nicht als wichtig erachtet würde. In Bezug auf die Beteiligung an der Frühförderung von Kindern mit Hörschädigungen zeigte sich zudem, dass diejenigen Väter, die häufiger an den Förderterminen teilnehmen, gleichzeitig ihre Fähigkeiten, ihr Kind zu erziehen und zu fördern, höher einschätzen. Aus diesen Forschungsergebnissen ist erkennbar, dass die Väter nicht desinteressiert an der Förderung sind, die bisher erlebten Angebote aber offenbar nicht hinreichend ihren Bedürfnissen entsprechen.

Fachkräfte der Frühförderstelle sollten sich darum bemühen, zumindest einige Termine so zu legen, dass sie mit der Arbeitszeit der Väter vereinbar sind; dass dies nur in einem beschränkten Anteil der Termine möglich ist, ohne die Fachkräfte selbst zu überfordern, ist selbstverständlich. Sie sollten sich bemühen,

allen Informationsbedürfnissen der Väter nachzukommen (z.B. auch durch Information über sozialrechtliche und finanzielle Hilfen, die von Vätern gesucht, von Fachkräften der Frühförderung aber oft nicht als Teil der eigenen Aufgaben angesehen wird) und kompetente Beratung zu Fragen der Förderung und zum Umgang mit Verhaltensauffälligkeiten anzubieten. Am wichtigsten dürfte es aber sein, die Väter ausdrücklich zur Mitarbeit einzuladen und deutlich zu machen, dass ihre Beteiligung im Sinne einer familienorientierten Konzeption von Frühförderung in hohem Maße erwünscht ist.

Belastung von Geschwistern

In den letzten Jahren wurden schließlich zahlreiche Studien zur Beziehungsentwicklung zwischen Geschwistern mit und ohne Behinderung, zum Selbstkonzept von Geschwistern behinderter Kinder, zu ihrer sozialen und emotionalen Entwicklung sowie zur Gefahr sozialer Isolation durchgeführt. Eine Übersicht über diese Studien findet sich z.B. bei Tröster (1999b, 2001).

Mögliche Risiken für die Entwicklung der Geschwister sind:

- Belastung durch Betreuungsaufgaben und Mitarbeit im Haushalt
- Eingeschränkte elterliche Verfügbarkeit
- Hohe elterliche Leistungserwartungen
- Übermäßige Identifikation mit dem behinderten Geschwister

Die meisten Studien zeigen kaum Unterschiede in der Häufigkeit von Verhaltensauffälligkeiten oder spezifische Effekte auf die Persönlichkeitsentwicklung der Geschwister. Ein Teil der Untersucher stellt vielmehr fest, dass die Geschwister behinderter Kinder Stolz, Empathie und soziale Fähigkeiten entwickeln und in ihren Familien weniger Konflikte erleben. Die Sorge vieler Eltern, dass das Aufwachsen mit einem behinderten Bruder oder einer behinderten Schwester sich ungünstig auf die Entwicklung der Geschwister auswirken könnte, lässt sich also entkräften. Den meisten Eltern gelingt es offenbar, den Bedürfnissen ihres behinderten Kindes gerecht zu werden, ohne die nicht behinderten Kinder zu vernachlässigen.

Dennoch: Die Thematisierung von elterlichen Sorgen um die Entwicklung der Geschwister und ihrer Bedürfnisse gehört zu den Aufgaben der Beratung in der Frühförderung blinder Kinder. Die Geschwister müssen eine ihrem Alter angemessene Aufklärung über die Art der Behinderung, ihre Ursache und die zukünftigen Entwicklungsmöglichkeiten ihres Bruders oder ihrer Schwester erhalten. Auf diese Weise lässt sich irrationalen Fantasien vorbeugen, welche Folgen mit einer Behinderung verbunden sein können, und Verständnis dafür wecken, dass sich der Alltag verändern muss, weil Therapien oder Fördermaßnahmen für das Kind mit einer Behinderung erforderlich sind. Wichtig ist, dass die Geschwisterkinder erleben, dass zumindest ein Elternteil ihnen „verlässliche Zeit" für gemeinsame Aktivitäten einräumt. Der Ablauf des Alltags und des Wochenendes müssen so organisiert werden, dass die Geschwisterkinder wahrnehmen, dass auch ihre Bedürfnisse berücksichtigt werden.

Darüber hinaus sollte die Fachkraft mit den Eltern über konkrete Möglichkeiten sprechen, wie sie das blinde Kind in ein gemeinsames Spiel einbeziehen können. Dazu müssen die Geschwister verstehen, dass es manchmal besondere Hilfen benötigt und durch destruktives, impulsives oder hyperaktives Verhalten das Spiel der Geschwister nicht absichtsvoll stören will.

Entscheidend für die emotionale Stabilität der Geschwister behinderter Kinder ist ein stützendes Netz von Personen, an die sie sich mit ihren Wünschen und Sorgen wenden können. Das können neben den Eltern auch andere Personen im sozialen Umfeld sein. Viele Jugendliche und Erwachsene, die mit einem behinderten Bruder oder einer behinderten Schwester aufgewachsen sind, erzählen rückblickend, dass es ihnen eine Hilfe war, einen engen und verlässlichen Kontakt zu einer Tante oder den Großeltern gehabt zu haben. Diese Bindungen haben sie als wichtige Unterstützung erlebt. Eine solche Unterstützung kann emotionaler Art sein, indem die Bezugspersonen ansprechbar für Sorgen sind, mit denen die Kinder ihre Eltern nicht (zusätzlich) belasten wollen, oder praktischer Art, indem sie mit ihnen das unternehmen, wofür die Eltern nicht (genügend) Zeit haben.

Neben der Beratung der Eltern kann es auch sinnvoll sein, ältere Geschwisterkinder direkt in die Förderaktivitäten einzubeziehen. Die Fachkraft der Frühförderung kann gemeinsame Spielsituationen nutzen, um das Geschwisterkind für den Hilfebedarf des Kindes mit Behinderung zu sensibilisieren und Möglichkeiten aufzuzeigen, wie eine soziale Beteiligung am Spiel dennoch gelingen kann.

3.6 Zusammenarbeit mit Familien mit Migrationshintergrund

Die Zusammenarbeit mit Familien, die aus anderen Kulturkreisen zugewandert sind, wird von Fachkräften in der Frühförderung mitunter als besondere Herausforderung erlebt. Sie erfordert ein Verständnis dafür, dass die Haltungen und Einstellungen dieser Familien von ihrem kulturellen Hintergrund geprägt sind und sich u.U. von den Haltungen und Einstellungen von Familien aus „westlichen" Kulturkreisen unterscheiden können. Diese Unterschiede können sich beziehen auf:

- Einstellungen zur Elternrolle und Erziehungshaltungen
- kulturell oder religiös geprägte Ansichten darüber, wie Kinder im Allgemeinen lernen und welche Bedeutung eine Behinderung für das Leben der Familie hat
- innerfamiliäre Strukturen und Organisationsformen

Die Hindernisse, vor denen Familien mit Migrationshintergrund bei der Inanspruchnahme von Hilfen – wie der Frühförderung – stehen, sind vielfältig. Dabei stellen die Sprachbarrieren das erste und oft größte Problem dar. Eltern mit geringen deutschen Sprachkenntnissen haben große Schwierigkeiten, sich über mögliche Hilfen zu informieren und sich auf die hierzulande üblichen Rahmenbedingungen (Antragsverfahren, Formblätter, definierte Sprech- und Therapiezeiten) einzustellen.

In vielen Fällen wird es deshalb notwendig sein, Dolmetscher in Gespräche mit Eltern einzubeziehen, die nicht über ausreichende deutsche Sprachkenntnisse verfügen. Darüber hinaus sollten in allen Einrichtungen mehrsprachige Informationsmaterialien verfügbar sein, die über die Behinderung, mögliche Auswirkungen auf die Familie und die verfügbaren Unterstützungs- und Fördermöglichkeiten informieren.

Die grundsätzlichen Einstellungen gegenüber einer Behinderung variieren in den verschiedenen Kulturen; im Extrem kann sie als „Schicksal der Familie", das es in größtmöglicher Harmonie anzunehmen gilt, oder als „Schuld" einer Person oder der ganzen Familie angesehen werden. Im letzten Fall gilt sie als Strafe für Sünden, die eine Familie begangen hat, oder für einzelne Handlungen der Mutter oder des Vaters während der Schwangerschaft. Auch Zuschreibungen zu „bösen Geistern" im Körper des Kindes sind möglich.

Kulturen unterscheiden sich je nachdem, ob in ihrem Wertesystem eher die Autonomie des Einzelnen oder das Wohlergehen der Gruppe im Vordergrund steht. Letzteres gilt z.B. für traditionelle islamisch orientierte Gesellschaften. Menschen mit Behinderungen werden in diesem Kulturkreis von der Familie, Großfamilie und der Gemeinde vor einer unzumutbaren Verschlechterung ihrer Existenzbedingungen geschützt. Diese Grundhaltung erklärt, warum sich Familien mit islamisch geprägtem kulturellen Hintergrund oft besonders fürsorglich, aus Sicht einer Fachkraft der Frühförderung vielleicht auch übermäßig verwöhnend um behinderte Kinder kümmern. Die Förderung der Selbständigkeit der Kinder hat keine Priorität in den Erziehungszielen. Unterstützt wird diese Haltung von kulturell geprägten Erziehungsgrundsätzen, z.B. dass Säuglinge niemals alleine bleiben sollen und nicht weinen sollen, Kleinkinder bis zum Schulalter keine Pflichten übernehmen und am Leben der Erwachsenen teilhaben sollen.

In traditionell islamisch orientierten Familien gelten zudem feste Regeln für die Organisation der Familie. Kontakte zur „Außenwelt" sind oft den männlichen Familienmitgliedern vorbehalten. Hausbesuche durch Fachkräfte und das damit verbundene Eindringen in die familiäre Privatsphäre kann für Familien mit Migrationshintergrund deshalb ungewohnt und sehr unangenehm sein. Das gilt umso mehr, wenn sich die Förderung und Beratung auf fundamentale kindliche Entwicklungsbereiche wie Essen, Schlafen, Kommunikation und Beziehung zu den Eltern richtet, die stark von kulturspezifischen Werten und Traditionen abhängen. Die Fachkräfte der Frühförderung müssen sich auf solche kulturspezifischen Haltungen bei der Kommunikation mit den Familien und der Vereinbarung von Zielen der Förderung einstellen.

Es ist allerdings Vorsicht vor Verallgemeinerungen in der Arbeit mit Familien mit Migrationshintergrund geboten. Auch unabhängig von der Zeit, die sie in Deutschland leben, unterscheiden sich Familien im Grad ihrer kulturellen Integration, d.h. die Lebenslagen der Familien sind sehr heterogen. Die wichtigste Regel für die Beratung von Familien mit Migrationshintergrund ist daher, sich vor stereotypen Vorurteilen über kulturgegebene Haltungen zu schützen und den Versuch zu machen, durch sensibles Nachfragen die spezifische Realität kennen zu lernen, unter denen das Kind aufwächst, und die Sichtweise, die die Eltern von den Entwicklungsproblemen des Kindes haben.

Im Arbeitsfeld der Frühförderung setzt eine erfolgreiche Zusammenarbeit mit Familien mit Migrationshintergrund voraus, dass die Fachkräfte den kulturellen Unterschieden mit Respekt und Sensibilität begegnen und sich auf die individuellen Sorgen, Prioritäten und Ressourcen der Familien einstellen. Sie erfordert interkulturelle Kompetenz. Diese umfasst nicht nur ein gewisses Maß an Wissen um die „fremde" Kultur, sondern auch ein Bewusstsein dafür, dass die eigenen Einstellungen und Haltungen vom eigenen kulturellen Hintergrund mitgeprägt sind.

3.7 Zusammenarbeit mit Eltern mit besonderen sozialen Belastungen

Auch Familien in Armutslagen oder Eltern mit psychischen Erkrankungen stellen die Fachkräfte der Frühförderung vor besondere Herausforderungen. Für alleinerziehende Mütter mit mehreren Kindern und finanziellen Sorgen oder Eltern mit konfliktbelasteten Partnerschaften, eigenen psychischen Erkrankungen oder Alkohol- bzw. Drogenabhängigkeit ist es oft schwer, sich auf eine kontinuierliche

Zusammenarbeit mit den Fachkräften einzulassen. Für sie stehen meist andere Themen im Vordergrund.

Die Fachkräfte müssen in der Lage sein, sich auf die begrenzten Ressourcen dieser Eltern einzustellen, und auch hier ein familienorientiertes Konzept verfolgen, das alle belastenden Aspekte ihrer Lebenssituation berücksichtigt. Kontinuität in der Zusammenarbeit mit den Eltern und die Bereitschaft, auch in kritischen Momenten, wenn die Eltern sich überfordert zu fühlen drohen, ansprechbar zu sein, sind Voraussetzungen dafür, dass sich Eltern in hoch belasteten Lebenslagen zu einer aktiven und dauerhaften Beteiligung an der Frühförderung ihrer Kinder motivieren lassen.

Familien mit mehrfachen Belastungen haben zwar einen besonders hohen Hilfebedarf, sind mit Hilfsangeboten aber oft schwer zu erreichen. Sie wirken unzugänglich und schwer zu motivieren, Hilfen anzunehmen. Die Fachkraft der Frühförderung sollte diese Vorbehalte nicht auf sich persönlich beziehen. Die Hindernisse für den Beziehungsaufbau sind in der Regel auf Vorbehalte gegenüber Hilfeangeboten im Allgemeinen und ihre Vorerfahrungen zurückzuführen.

- Es besteht ein allgemeiner Vorbehalt dagegen, familiäre Angelegenheiten mit einer außenstehenden Person zu besprechen. Das Misstrauen rührt mitunter daher, dass die Eltern in ihrer eigenen Lebensgeschichte wiederholt die Erfahrung gemacht haben, dass „Helfer" nicht hilfreich waren, kein Verständnis für die individuellen Belastungen hatten oder Vertrauen missbraucht haben.

- Die Eltern haben die Befürchtung, dass mit der Zusammenarbeit mit einer Einrichtung, die Hilfe anbietet, langfristig negative Folgen verbunden sein können. So kann es sein, dass sie die Aufdeckung illegaler Aktivitäten (z.B. bei Drogenkonsum), wirtschaftliche Nachteile (z.B. bei missbräuchlichen Angaben in Anträgen auf soziale Unterstützung wie Hartz-IV-Anträgen), soziale Stigmatisierung (z.B. bei einer HIV-Erkrankung oder einer stationären Behandlung wegen einer psychischen Störung) oder das Einschreiten von Behörden (z.B. bei drohender Kindeswohlgefährdung durch das Jugendamt) befürchten.

- Die Eltern haben Angst davor, mit der Zusammenarbeit mit der Fachkraft der Frühförderung ein weiteres Stück der Kontrolle über ihre Lebensführung zu verlieren. Diese Sorge verbindet sich mit einer generellen Einschätzung, keine Kontrolle über das eigene Leben zu haben, die aus frühen Beziehungserfahrungen und den Misserfolgen auf dem eigenen Lebensweg begründet ist. Ein Gefühl von Hoffnungslosigkeit beherrscht die Gedanken an die Zukunft.

- Sie fürchten sich womöglich vor Kritik am äußeren Zustand ihrer Wohnung oder an ihrer chaotischen Alltagsgestaltung und glauben, Erwartungen an eine Veränderung ihres Lebensstils nicht gerecht werden zu können. Auf Kritik reagieren sie in besonderem Maße empfindlich und setzen sie mit dem Vorwurf gleich, dass sie „schlechte Eltern" seien. Ihre Vulnerabilität ist in dieser Hinsicht besonders groß, wenn sie entsprechende Vorerfahrungen gemacht haben (z.B. eine frühere Kontaktaufnahme zu einem Jugendamt zum Entzug des Sorgerechts für ein älteres Kind geführt hat).

- Sie haben Angst davor, im Rahmen der Zusammenarbeit nach eigenen Erfahrungen und Erlebnissen gefragt zu werden, die traumatisierenden Charakter hatten und die sie zu verdrängen versuchen. Psychotherapeuten wissen, dass die Vermeidung, solche Erfahrungen anzusprechen, durchaus (kurzfristig) adaptiv, d.h. subjektiv sinnvoll sein kann.

Die Hindernisse für den Beziehungsaufbau, die durch solche Einstellungen und Vorbehalte der Eltern bestimmt sind, lassen sich nur in kleinen Schritten im Rahmen der Entwicklung eines Arbeitsbündnisses zwischen den Eltern und der Fachkraft abbauen. Alle Eltern haben zunächst einmal den Anspruch an sich selbst, „gute Eltern" sein zu wollen. Grundsätzlich kann deshalb davon ausgegangen werden, dass Eltern sich für Hilfeangebote öffnen werden, sobald sie erkennen, dass die angebotenen Hilfen für die Entwicklung ihres Kindes förderlich sind. Das wiederum hängt davon ab, wie sie den Kontakt mit der Frühförderstelle wahrnehmen.

Im Erstgespräch ist es daher wichtig, deutlich zu machen, dass die Frühförderung keine Einrichtung des Jugendamtes ist, und zuzusichern, dass jede Nachfrage oder Weitergabe von Informationen nur mit Zustimmung der Eltern geschehen wird. Fragen nach den aktuell wichtigsten Bedürfnissen der Familie haben Vorrang vor einer ausführlichen Besprechung ihrer sozialen Situation oder ihrer Probleme in der

Alltagsgestaltung mit ihrem Kind, wenn sie nicht von der Familie selbst als Priorität angesprochen werden. Die Eltern sollten möglichst selbst bestimmen, über welche Themen sie sprechen möchten.

Für die Fachkraft ist es wichtig, sich bewusst zu machen, dass Misstrauen und Kontaktabbrüche in dieser Phase kaum mit ihrer eigenen Person zu tun haben, sondern durch die Vorerfahrungen bedingt sind, die die Eltern in ihrer bisherigen Lebensgeschichte gemacht haben. Sich Offenheit für die Eltern zu erhalten, d.h. sie auch dann nicht zu verurteilen, wenn sie sich über das Kind sehr negativ äußern, und sich eine gewisse Distanz zu bewahren, ohne sich von den vielfältigen Problemen im Leben der Familie „überrollen" zu lassen, stellt beträchtliche Anforderungen an die Fähigkeit, die eigenen Arbeitserfahrungen zu reflektieren.

4 Auswirkungen auf die Entwicklung in den einzelnen Förderbereichen

4.1 Spezifische Förderschwerpunkte und Strategien

Bevor im weiteren Text die Auswirkungen des fehlenden Sehvermögens auf die einzelnen Entwicklungsbereiche und die Strategien der Förderung geschildert werden, seien zunächst einige grundsätzliche Hinweise vorangestellt, die bei der Frühförderung von Kindern mit Sehschädigung durch Blindheit und Sehbehinderung beachtet werden müssen (Pogrund & Fazzi, 2002; Anthony, 2017).

1. Kinder mit Blindheit und Sehbehinderung benötigen mehr Zeit, um sich Kompetenzen anzueignen; dies gilt insbesondere für Kompetenzen, die andere Kinder primär durch Beobachtung erlernen.
2. Bei einigen Entwicklungsbereichen gibt es nicht nur zeitliche Verzögerungen, sondern qualitative Unterschiede in der Abfolge von Teilschritten beim Erwerb von Kompetenzen.
3. Beiläufiges Lernen, über das sich sehende Kinder viel Wissen über die Umwelt und Handlungsmöglichkeiten aneignen, steht blinden Kindern nur in geringem Maße zur Verfügung.
4. Es ist schwerer für sie, die Bedeutung von Geräuschen in ihrer Umwelt, die Funktion von Gegenständen und Zusammenhänge in ihrer Umwelt zu verstehen.
5. Einige Konzepte können durch den Tastsinn und die Verarbeitung von akustischen Informationen und das Verständnis nur unvollständig erworben werden und müssen durch Anleitung bei der Exploration und verbale Erklärungen ergänzt werden.
6. Der Gebrauch realer Objekte und konkreter Erfahrungen erleichtert blinden Kindern die Verarbeitung von Informationen durch Ertasten und Lauschen.
7. Nur eine aktive Beteiligung an der Erkundung der Umwelt trägt zu motorischen und kognitiven Entwicklungsfortschritten der Kinder bei.
8. Kinder mit Blindheit und Sehbehinderung und ihre Familien brauchen spezialisierte Beratung und Anleitung durch Fachkräfte, die Erfahrung

haben mit ihren spezifischen Bedürfnissen. Diese Fachkräfte müssen in allen Phasen der Förderung einbezogen werden.

Um seine motorischen, kognitiven und sozialen Kompetenzen zu erweitern, brauchen blinde Kinder eine Umgebung, die auf die Besonderheiten ihrer Wahrnehmung abgestimmt ist, und Bezugspersonen, die sich auf die Besonderheiten ihrer Lernprozesse einstellen. Bei der Alltagsgestaltung sollten die Bezugspersonen darauf achten,

- das Kind vor einer Überforderung durch akustische und taktile Sinneseindrücke zu schützen,
- ihre eigenen Handlungen in klarer, einfacher Form anzukündigen,
- dem Kind Zeit zu geben, die Ankündigungen zu verarbeiten,
- ihm bei der Erkundung von neuen Gegenständen durch aktives Ertasten zu helfen, indem sie seine eigenen Hände zur Unterstützung anbieten („hands-under-hands"), und dem Kind dann Zeit für die Exploration und Wiederholung von Handlungen geben,
- eigene sprachliche Beiträge (z.B. Benennungen, Kommentare und Erklärungen) gut auf die Aufmerksamkeitsrichtung des Kindes abstimmen, sie klar und prägnant formulieren und eine Überforderung seiner Verarbeitungsfähigkeiten durch fortlaufenden sprachlichen Input parallel zu den aktiven Erkundungshandlungen des Kindes vermeiden.

Spezifische Anpassungen an die Bedürfnisse blinder Kinder und eine gezielte Anleitung von Kompetenzen sind nicht erst dann angezeigt, wenn die Kinder in die Schule kommen und sich mit dem Erwerb der Brailleschrift oder der selbständigen Orientierung in der Umgebung auseinandersetzen müssen.

Die allgemeine Entwicklungsförderung muss vielmehr von Anfang an durch spezifische Förderschwerpunkte und –elemente ergänzt werden („expanded core curriculum", ECC; Greeley & Doyle McCall, 2018).

Im frühen Kindesalter beziehen sich diese spezifischen Förderschwerpunkte vor allem auf die Bereiche „alternative Zugangsmöglichkeiten zu Informationen", „effektive Nutzung aller Wahrnehmungskanäle", „Orientierung und Mobilität innerhalb und außerhalb der Wohnung", „Selbständigkeit im Alltag" (z.B.

Nahrungsaufnahme) sowie „soziale Interaktion mit anderen Kindern" von Bedeutung. Bereits in diesem Alter werden wesentliche Grundlagen für die spätere Bewältigung der Entwicklungsaufgaben unter den Bedingungen von Blindheit gelegt.

Die Planung der Frühförderung sollte sich von Anfang an daran orientieren, welche Fähigkeiten ein blindes Kind benötigt, um den Alltag zu bewältigen, soziale Teilhabe zu erleben und im weiteren Verlauf seiner Entwicklung sein schulisches Lernpotential auszuschöpfen. Für ein blindes Kind stellen diese Bereiche somit nicht ein „zusätzliches Curriculum", sondern das Fundament für seine Entwicklung dar.

Eltern müssen deshalb bereits im Säuglings- und Kleinkindalter von den Fachkräften der Frühförderung mit den besonderen Bedürfnissen blinder Kinder vertraut gemacht werden. Das gilt dann im weiteren Verlauf der Entwicklung auch für pädagogische Fachkräfte in Kindertagesstätten – die Inklusion von blinden Kindern bedeutet somit nicht nur, ein blindes Kind in die Familie und in die Kindergruppe aufzunehmen, sondern erfordert spezifische pädagogische Maßnahmen, um seine soziale Teilhabe zu unterstützen.

Eltern und pädagogische Fachkräfte stehen der Auswahl von Förderzielen, die sich an den spezifischen Bedürfnissen blinder Kinder orientieren, allerdings teilweise skeptisch gegenüber, wenn das Kind noch sehr jung ist. Das kann verschiedene Gründe haben.

- Sie haben u.U. den Eindruck, dass das Kind noch kein Interesse an den entsprechenden Aktivitäten hat. Das kann jedoch dadurch bedingt sein, dass es aufgrund seines fehlenden Sehvermögens noch nicht wahrgenommen hat, dass andere Kinder gleichen Alters bestimmte Aktivitäten schon interessant finden und von sich aus danach streben, sich daran zu beteiligen. Jene Kinder beobachten z.B. im Alltag, wie Mahlzeiten zubereitet werden oder ein Hund versorgt wird; sie sehen im Fernsehen oder auf dem Rasen, dass andere Kinder oder Erwachsene Fußball spielen oder vielleicht draußen in einem Zelt übernachten. Blinden Kindern fehlen diese Anreize, um etwas nachzuahmen oder etwas selbst erproben zu wollen.

- Sie haben u.U. den Eindruck, dass eine Aufgabe für das Kind zu schwierig ist. Dieser Eindruck bestätigt sich, wenn sie es mit dem Kind zum ersten Mal versuchen. Es ist jedoch wichtig, dass sie sich bewusst machen, dass auch sehende Kinder zunächst viele Male beobachten oder probieren, wie etwas zu machen ist, bevor sie es beherrschen. Blinde Kinder brauchen ebenfalls viele Übungsgelegenheiten und eine spezielle Anleitung, um sich einzelne Fertigkeiten anzueignen. Sie haben aber einen Anspruch auf eben diese Anleitung, damit sie Entwicklungsfortschritte machen können.
- Sie fühlen sich u.U. überfordert mit der Frage, wie sie dem blinden Kind etwas beibringen können. Sie sind zunächst einmal nur damit vertraut, dass sie einem Kind mit unbeeinträchtigtem Sehvermögen etwas zeigen können, was es dann nachahmt. Sie müssen alternative Zugangswege kennenlernen, damit ein blindes Kind etwas verstehen und lernen kann. Eine simple Führung seiner Hände reicht dazu oft nicht aus. Einigen Eltern gelingt es intuitiv, sich auf die besonderen Bedürfnisse ihres Kindes einzustellen; andere benötige mehr Vorschläge und Beratung durch eine pädagogische Fachkraft der Frühförderstelle.
- Sie halten das Kind noch nicht für reif für eine bestimmte Aktivität. Sie unterschätzen dabei u.U., dass jeder Lernprozess sich in mehreren Schritten vollzieht. Statt auf Zeichen von „Reife" zu warten, gilt es, blinde Kinder frühzeitig im Rahmen ihrer bereits erreichten Fähigkeiten in Alltagsaktivitäten einzubeziehen und ihnen die nötige Hilfestellung zu geben, um die Aufgaben erfolgreich zu bewältigen. Die Beobachtung, über welche Teilfähigkeiten ein blindes Kind bereits verfügt, und die Auswahl von Alltagsaktivitäten, bei denen diese erweitert werden können, gehört zu den zentralen Aufgaben der Fachkraft der Frühförderstelle.

4.2 Wahrnehmungsfähigkeiten

Wahrnehmung ist eine wesentliche Voraussetzung für Entwicklung und Lernen. Die verschiedenen Wahrnehmungssysteme arbeiten eng zusammen. Sie steuern und koordinieren die Fortbewegung, schaffen einen Orientierungsrahmen, bilden die Grundlage der Informationsaufnahme und der Erkenntnisgewinnung (Begriffsbildung) und regeln Kommunikations- und Interaktionsprozesse. Ein Ausfall oder eine starke Beeinträchtigung eines Wahrnehmungssystems kann sich auf viele Entwicklungs- und Lernbereiche auswirken, so dass einer früh einsetzenden und zielgerichteten Wahrnehmungsförderung eine wichtige Rolle in der Frühförderung zukommt. Wahrnehmungsförderung umfasst bei sehr jungen Kindern und bei Kindern mit mehrfachen Beeinträchtigungen basale Wahrnehmungsfunktionen wie die Förderung der Eigenwahrnehmung oder das Reagieren auf vestibuläre, somatische und vibratorische Wahrnehmungsangebote.

Jegliche Förderung muss eingebettet sein in eine Interaktionshandlung, in der wechselseitige Aktionen und Reaktionen möglich sind. Entsprechende Angebote müssen individuell geplant sein und sich am gesamten Entwicklungsstand des Kindes orientieren sowie in einer vertrauensvollen Atmosphäre stattfinden, die Neugier, Motivation und Erkundungstätigkeiten wecken und hemmende Faktoren (z.B. Ängste) minimieren kann (Lang, 2017). Zur grundsätzlichen Kontextgestaltung gehören beispielsweise das Bereitstellen notwendiger Hilfsmittel (z.B. Brillen, Hörhilfen etc.) oder die angepasste, ergonomische Positionierung des Kindes (z.B. durch Lagerungshilfen).

Die visuelle Wahrnehmung stellt in der kindlichen Entwicklung den wichtigsten Zugang zur Welt dar. Kein anderer Wahrnehmungskanal liefert eine vergleichbar vollständige, integrative Information über die soziale und gegenständliche Umwelt. Von den ersten Lebenswochen an ist dies der Sinneskanal, der das Kind zu einer neugierigen und aktiven Erkundung der Umwelt anregt. Über visuelle Informationen stellt es Kontakt zu den Personen seiner Umwelt her und nimmt Informationen auf, aus denen sich allmählich sein Wissen über die Gegenstände der Umwelt und ihre Beziehungen zueinander zusammensetzt. Ein Ausfall der visuellen Wahrnehmung hat deshalb Auswirkungen auf die Entwicklung der motorischen, kognitiven, sprachlichen und sozialen Fähigkeiten.

Ein Kind, das von Geburt an blind ist, muss lernen, das Fehlen von optischen Eindrücken durch akustische und taktile Informationen aus der Umwelt auszugleichen. Das bedeutet aber nicht, dass die auditive und haptische Wahrnehmung das fehlende Sehvermögen vollständig kompensieren könnten. Die Eindrücke, die auf diesem Wege gewonnen werden können, sind qualitativ anderer Art. Noch vorhandene, selbst geringe visuelle Wahrnehmungsmöglichkeiten sollten gezielt berücksichtigt und in

Fördersituationen eingebunden werden, da hiervon Lokalisierungs- und Orientierungshilfen ausgehen können, die das Tasten oder Hören wesentlich unterstützen. Hierfür muss auf die Nutzung notwendiger Hilfsmittel (z.B. Brillen) und auf eine optimierte Umgebungsgestaltung (z.B. blendfreie Beleuchtung, starke Kontraste) geachtet werden.

Während ein sehendes Kind beiläufig eine Fülle von Informationen aufnimmt, indem es umherschaut, Dinge inspiziert, Personen und ihre Handlungen verfolgt, ist ein blindes Kind darauf angewiesen, aufmerksam zu lauschen, um akustische Informationen aus der Umgebung aufzunehmen, ihren Ort zu lokalisieren, ihnen Gegenstände oder Personen sowie Bedeutungen zuzuordnen; Berührungen wahrzunehmen und sich durch aktives Ertasten einen haptischen Eindruck davon zu verschaffen, was es mit seinen Händen erreichen kann. Es braucht diese alternativen Sinneseindrücke, um Interesse an der Kontaktaufnahme zu seiner Umwelt, die Fähigkeit zu zielgerichteter Exploration sowie ein Verständnis für die Zusammenhänge zwischen seinen Handlungen und ihrer Wirkung (Mittel-Zweck-Verständnis) zu entwickeln.

In den meisten Fällen handelt es sich dabei nicht um simultane, sondern sequentielle Sinneseindrücke; das heißt, das Kind muss akustische und taktile Informationen, die es nacheinander aufnimmt, miteinander in Verbindung bringen und zu einem „Gesamtbild" integrieren. Hinzu kommen Geruchs- und Geschmacksreize sowie das Empfinden der eigenen Körperhaltung und Bewegung („propriozeptive und vestibuläre Sinneseindrücke"), die es zusätzlich nutzen kann, um sich zu orientieren – die es aber auch ablenken und irritieren können.

Viele blinde Kinder sind zunächst zurückhaltend gegenüber Tasterfahrungen, die ihnen fremd sind. Diese Zurückhaltung kann durch äußere Reglementierungen (z.B. übergroße Ängstlichkeit der Bezugspersonen vor Verletzungen des Kindes; soziale Tabus gegenüber dem Ertasten von Nahrungsmitteln etc.) verstärkt werden. Um einer abwehrenden Haltung gegen Tasterfahrungen vorzubeugen, braucht es vielfältige Erfahrungen mit unterschiedlichen Oberflächen, Materialien, Gewichten, Temperaturen, Formen und Größen von Gegenständen, die in geschützten und vertrauensvollen Interaktionssituationen angeboten werden. Wenn das Kind von den ersten Lebenswochen an Körperkontakt gewohnt ist (z.B. indem es viel getragen oder massiert wird), beugt dies ebenfalls einer Abwehr gegen Tasterfahrungen vor.

Die Eltern können die Bereitschaft des Kindes zur Exploration seiner Umwelt unterstützen, indem sie jeweils ankündigen, mit welchem Objekt das Kind als nächstes in Berührung kommen wird, es behutsam bei der tastenden Erkundung führen, indem sie ihre Hand unter oder auf die Hand des Kindes legen, und ihm viel Zeit zur haptischen Exploration lassen.

Die eigene Hand unter (statt auf) die Hand des Kindes zu legen, ist bei vielen Aktivitäten günstiger, denn auf diese Weise kann das Kind die Exploration selbst besser steuern, z.B. seine Hand zurückziehen, wenn es von einer Berührungserfahrung verunsichert ist. Eltern können ihr Kind, sobald das entsprechende Sprachverständnis vorhanden ist, mit der Anweisung „Hüpfe mit deinen Fingern/ mit deiner Hand auf meine" kindgerecht zur Hand-unter-Hand-Technik auffordern und die gemeinsame Tasthandlung einleiten. Jede Form selbständigen Tastens sollte bestärkt werden. Die Handführung lässt sich mit der Zeit reduzieren, indem die Eltern ihr Kind nur noch am Handgelenk oder Ellbogen berühren, um es beim Ertasten von Gegenständen zu unterstützen. Bei einer direkten Handführung mit „Hand-über-Hand"-Technik, bei der die Hände des Erwachsenen die Kinderhände stärker führen, muss sehr sensibel vorgegangen werden. Diese Form sollte stets vorab angekündigt werden, um ein unvorbereitetes, plötzliches und damit unangenehmes Berührtwerden zu verhindern. Mitunter lässt sich das eigenaktive Tasten auch dadurch fördern, dass Gegenstände gemeinsam in einer angenehm temperierten Wasserschüssel oder in einem Materialbad (Sand, Kastanien etc.) gesucht werden.

Voraussetzend für aktives Explorieren und Wahrnehmen ist eine sichere und angenehme Positionierung des Kindes (z.B. stabiles Sitzen auf einem Kinderstuhl mit Fußteil; Benutzen von Lagerungshilfen in der Liegeposition).

Die Diskrimination und Lokalisation von Geräuschen sind wesentliche Anhaltspunkte, an denen sich das Kind in seiner Umgebung orientieren kann. Die Lokalisation von Geräuschen, die in der Mittellinie vor dem eigenen Körper entstehen, ist jedoch ein relativ später Entwicklungsschritt in der Entwicklung der auditiven Wahrnehmung und wird erst gegen Ende des zweiten Lebensjahres erreicht. Geräuschobjekte sollten deshalb in den ersten beiden Lebensjahren in Höhe der Ohren angeboten werden, damit sich das Kind ihnen zuwenden kann.

Genauso wichtig ist es für das Kind, Geruch und Geschmack von Gegenständen im alltäglichen Leben kennen zu lernen, damit es diese Sinneseindrücke mit den akustischen und taktilen Informationen aus seiner Umwelt verbinden kann. Die Eltern müssen sich bewusst machen, dass viele dieser Eindrücke für das Kind zunächst fremd und irritierend sind, sie aber mit der Zeit zu wertvollen Anhaltspunkten für die Orientierung werden können.

Als generelle Regel gilt, dass ein blindes Kindes zunächst den eigenen Körper und Gegenstände, Menschen oder Handlungen wahrnehmen lernen muss, die in unmittelbaren Kontakt zu seinem Körper kommen, bevor es Dinge oder Eindrücke explorieren wird, die in größerer Entfernung sind. Die Informationsaufnahme über die verfügbaren Sinneskanäle ist nur effektiv, wenn sie aktiv geschieht (und z.B. nicht in passiven Berührungsreizen besteht).

4.3 Aufrichtung und Fortbewegung

Fehlendes Sehvermögen hat im frühen Kindesalter direkte Auswirkungen auf das Entwicklungstempo der motorischen Fähigkeiten, die Reihenfolge, in der die einzelnen Meilensteine der Entwicklung bewältigt werden, und die Qualität der motorischen Abläufe.

Der Entwicklungsverlauf von Kindern, die sehbehindert oder blind sind, wurde in drei Langzeitstudien untersucht, an denen sich die Einschätzungen der individuellen Entwicklung eines blinden Kindes orientieren können. Im Projekt PRISM (Ferrell, 1998) nahmen an einer solchen Studie 202 Familien teil, deren Kinder im Alter bis zu fünf Jahren in sieben Förderzentren für Kinder mit Sehbehinderung oder Blindheit betreut wurden. Die Entwicklungsuntersuchungen erfolgten mit standardisierten Entwicklungstests (Battelle Developmental Inventory, BDI) und Elternfragebögen (Vineland Adaptive Behavior Scales, VABS). Das mittlere Alter der Kinder zu Beginn des Untersuchungszeitraums war 8.7 Monate; der Entwicklungsverlauf wurde unterschiedlich lang (im Durchschnitt über einen Zeitraum von 19 Monaten) dokumentiert.

Hatton et al. (1997) berichteten über die Untersuchung von 186 blinden und sehbehinderten Kindern im Alter von 12-73 Monaten, die in Abständen von 4-6 Monaten mehrfach mit einem Entwicklungstest (BDI) untersucht wurden. 27 Kinder waren blind oder verfügten höchstens über Lichtscheinwahrnehmung und zeigten keine zusätzlichen Behinderungen. Brambring (2005) analysierte die Daten von zehn blinden Kindern, bei denen keine zusätzliche Behinderung vorlag, aus der „Bielefelder Längsschnittstudie zur Frühförderung und Unterstützung von Familien mit blind geborenen Kindern".

Diese Entwicklungsstudien kommen einhellig zu dem Ergebnis, dass die Entwicklung motorischer Fähigkeiten bei blinden Kindern deutlich langsamer verläuft als bei sehenden Kindern. In den Entwicklungsstudien von Hatton et al. (1997) und Brambring (2005) verfügten die blinden Kinder im Alter von 30 Monaten durchschnittlich über die (grob-) motorischen Fähigkeiten, die sehende Kinder bereits mit 11-15 Monaten erreicht hatten. Die Abb. 7 zeigt exemplarisch den durchschnittlichen Zeitpunkt des Erwerbs einzelner motorischer Fähigkeiten am Beispiel der Daten, die Brambring (2006) zur motorischen Entwicklung vorlegte.

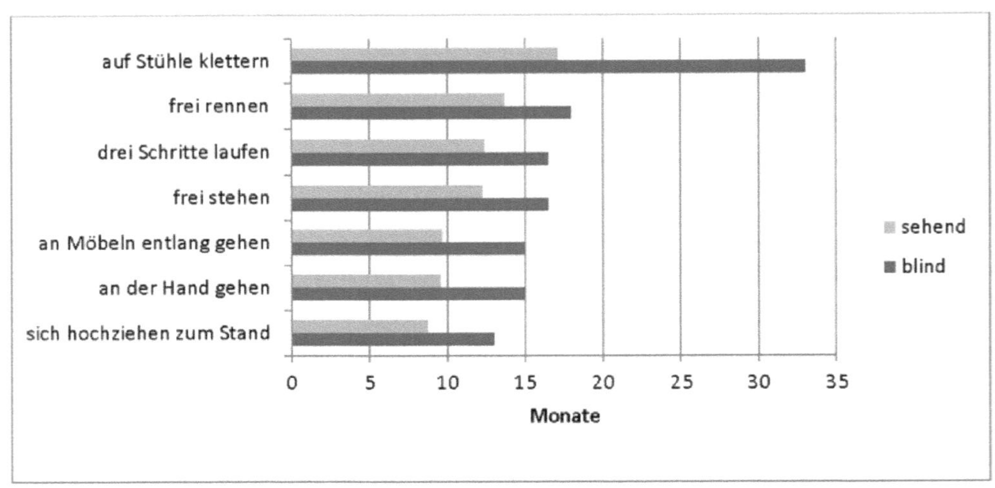

Abb. 7 Durchschnittlicher Zeitpunkt des Erwerbs von motorischen Fähigkeitendurch sehende und blinde Kinder (in Mon.; Brambring, 2006)

Der Zeitpunkt des Erwerbs motorischer Kompetenzen variiert allerdings in Abhängigkeit von der Art der Fähigkeit, um die es jeweils geht. So zeigten sich in vier von 29 Fertigkeiten, über die Brambring (2006) berichtete, nur geringe Unterschiede gegenüber sehenden Kindern. Dazu gehörte z.B. die Fähigkeit, auf ein Sofa zu klettern oder einen Stuhl im Raum umher zu schieben. Die deutlichsten Abweichungen bestanden dagegen bei Fertigkeiten, die einen flexiblen Wechsel von Körperpositionen im Raum erfordern, z.B. auf einem Bein stehen, freies Laufen, gegen einen Ball treten oder ihn fangen, von einer Fläche herunter oder Treppen hinauf steigen. Darüber hinaus belegten die Daten aber auch eine beträchtliche inter-individuelle Variabilität der Erwerbszeitpunkte.

Die Verzögerung beim Erwerb motorischer Kompetenzen ist auf mehrere Gründe zurückzuführen:

- Viele blinde Kinder haben einen schwächeren Muskeltonus.
- Es fehlt ihnen der visuelle Anreiz, um sich fortzubewegen und Bewegungsmuster zu erproben.
- Sie erwerben später eine Vorstellung von der Objektpermanenz, d.h. fühlen sich erst später motiviert, Objekte zu erreichen, die außerhalb ihrer Reichweite geraten sind.

- Sie sind zurückhaltend in ihrer Fortbewegung, um sich vor möglichen Gefahren zu schützen.
- Es fehlt ihnen die Möglichkeit, ihre Bewegungen visuell zu kontrollieren und an Hindernisse anzupassen sowie andere bei ihren Bewegungsabläufen zu beobachten, was besonders bei komplexen Bewegungsmustern von Bedeutung ist.

Bei vielen blinden Kindern ist der Muskeltonus reduziert, ohne dass eine Cerebralparese oder eine andere neurologische Entwicklungsstörung vorliegt. Das erschwert die Haltungskontrolle, die Aufrichtung und die Qualität der Bewegungsabfolge. Vermutlich ist der reduzierte Muskeltonus darauf zurückzuführen, dass für die physiologische Entwicklung der Muskelspannung vestibuläre und propriozeptive Rückmeldungen notwendig sind, die bei einem blinden Kind in geringerem Maße erfolgen, weil es zunächst weniger Anreize zur Aufrichtung aus der Bauchlage sowie zum Erproben von Bewegungsmustern hat. Es sollte deshalb früh die Bauchlage tolerieren lernen, mit Spielsachen angeregt werden, in dieser Lage den Kopf zu heben und sich abzustützen, und mit sanfter Unterstützung der Eltern unterschiedliche Bewegungserfahrungen machen.

Wichtig ist, dass die spontanen Ansätze des Kindes immer mit taktilem und akustischem Feedback bestärkt werden.

So können z.B. kleine Armbänder mit Glöckchen am Handgelenk befestigt werden, damit das Kind erlebt, dass es durch seine eigenen aktiven Bewegungen immer wieder neue Geräusche auslösen kann. Motorische Aktivitäten und Explorationshandlungen können zudem mittels Angeboten an Spieltrapezen oder im „Little Room" (Nielsen, 1991) ausgelöst werden. Hierbei berührt das Kind bei Eigenbewegungen herunterhängende Objekte, die wiederum Geräusche oder Berührungsreize verursachen. Auch die Kommentare der Eltern können es anspornen, verschiedene Bewegungen mit den Armen und Beinen auszuprobieren. Viele ritualisierte Spiele, die Eltern intuitiv mit Babys initiieren, enthalten weitere Anregungen für unterschiedliche Bewegungserfahrungen (z.B. „Hoppe-hoppe-Reiter").

Wenn es die Entwicklungsstufe erreicht hat, in der sich Kinder auf Händen und Füßen abstützen, gewöhnt sich ein blindes Kind oft an, hin- und her zu schaukeln, statt auszuprobieren, wie es vorwärts krabbeln könnte. Dieses Bewegungsmuster ist ihm angenehm und es fehlt der visuelle Anreiz, sich fortzubewegen. Einige Kinder beginnen deshalb auch erst zu krabbeln, wenn sie bereits zu laufen gelernt haben, oder lassen die Krabbelphase ganz aus.

Ein reduzierter Muskeltonus beeinflusst auch die Qualität der Haltungskontrolle. Blinde Kleinkinder neigen zunächst z.B. dazu, sich in einer sitzenden Position mit beiden Händen auf den Boden abzustützen, die Beine breit zu spreizen oder den Oberkörper und damit den Schwerpunkt nach vorn zu verlagern, um die Sitzposition zu stabilisieren. Diese Haltungsmuster hindern sie jedoch daran, ihre Umwelt in sitzender Position frei zu erkunden. Bei blinden Kindern, bei denen keine zusätzliche Behinderung vorliegt, verschwindet diese Unsicherheit jedoch im zweiten Lebensjahr.

Kinder mit unbeeinträchtigtem Sehvermögen entwickeln schon früh Abstützreaktionen, wenn sie das Gleichgewicht verlieren. Sie stützen sich z.B. auf die Hände ab, wenn sie zu fallen drohen. Diese Schutzmechanismen müssen mit blinden Kindern gezielt eingeübt werden. Auch im weiteren Verlauf brauchen sie vielfältige Anregungen, um Positionswechsel und Gleichgewicht zu fördern.

Ebenso wichtig ist die Entwicklung eines Bewusstseins für den eigenen Körper und seiner Position im Raum. Eine Möglichkeit, die Wahrnehmung der einzelnen Körperteile zu fördern, bietet sich bereits im Säuglingsalter durch eine Babymassage. Im weiteren Verlauf gilt es, möglichst viele Gelegenheiten zu nutzen (z.B. bei der Körperpflege und beim Umziehen), um das Kind mit den Bezeichnungen für die Körperteile und Begriffe für die Orientierung im Raum (z.B. rechts/links, oben/unten, vor/hinter) vertraut zu machen.

4.4 Orientierung und Mobilität

Orientierung und Mobilität (O&M) stellt einen eigenständigen Förderbereich dar, der das Ziel verfolgt, Menschen mit Blindheit und Sehbehinderung die notwendigen Konzepte und Fähigkeiten zu vermitteln, damit diese sich sicher, effizient und zielgerichtet in ihrer Umgebung fortbewegen können (Griffin-Shirley & Trusty, 2017). Fördermaßnahmen in Orientierung und Mobilität sind fest im Bereich der Frühförderung verankert. Die Anbahnung und Förderung basaler O&M-Fähigkeiten und Fertigkeiten übernehmen in der Regel die Frühförderkräfte, während im Vorschulalter und bei der Einführung spezifischer Strategien und Techniken idealerweise speziell ausgebildete Rehabilitationsfachkräfte hinzugezogen werden. Der Kompetenzerwerb im Bereich O&M ist eng verbunden mit der Förderung der Motorik (z.B. möglichst eigenständige Fortbewegung), der Begriffsbildung (z.B. Raumkonzept, ausgehend zunächst von einer körperbezogenen Orientierung) und der Wahrnehmung (insbesondere auditive und haptische Wahrnehmung) und erfordert vielfältige Entwicklungs- und Lernschritte in diesen Bereichen.

Das Verständnis von Objektpermanenz ist eng assoziiert mit dem Beginn der selbständigen Fortbewegung im Raum (Hatton et al., 1997). Dieser kognitive Entwicklungsschritt wird von sehenden Kindern in der Regel mit neun Monaten bewältigt, d.h. bevor das freie Laufen erreicht wird.

Blinde Kinder entwickeln erst in der ersten Hälfte des zweiten Lebensjahres eine kognitive Vorstellung, dass Objekte weiter existieren, auch wenn sie keinen unmittelbaren Kontakt zu ihnen haben, und beginnen, nach ihnen zu suchen („Objektpermanenz"; Bigelow, 1986; Rodgers & Puchalski, 1988).

Auch bei Gegenständen, die ein Geräusch machen, lässt sich eine solche Suchbewegung nicht früher beobachten. Das zeigt, dass das Fehlen visueller Sinneseindrücke im frühen Kindesalter nicht einfach durch akustische Informationen aus der Umwelt ersetzt werden kann. Sehende Kinder haben vielfältige Anreize, sich aus einer sitzenden Position nach Gegenstände zu strecken und zu versuchen, sie zu erreichen. Fachkräfte der Frühförderung können den Eltern vielfältige Vorschläge machen, wie sie das Kind anregen können, um aus eigenem Antrieb die Umgebung zu erkunden und dabei ihre motorischen Fertigkeiten zu üben.

Im weiteren Verlauf der Entwicklung geht es dann um die Beratung, wie sie die Orientierung des Kindes in den Räumen der Wohnung erleichtern können. So kann z.B. jeder Raum der Wohnung mit einem Geräusch (z.B. dem Brummen des Kühlschranks in der Küche, das Ticken des Weckers am eigenen Bettchen) assoziiert werden, auf das die Eltern das Kind aufmerksam machen, so dass es weiß, wo es sich befindet. Die Eltern können mit dem Kind feste Wege in der Wohnung einführen („Mini-Routen") und hierbei vorhandene „Leitlinien" (z.B. Wände, Handläufe) nutzen. Beim Aufbau eines Raumkonzepts stehen körperbezogene Strategien zunächst im Vordergrund, d.h. das Kind definiert vom eigenen Körper aus Begriffe wie vorne, hinten, neben und erst darauf aufbauend anhand externaler Bezugspunkte (z.B. neben der Tür).

Geräuschquellen (z.B. die Türklingel oder das Geräusch des Staubsaugers) sollten ebenso wie Geruchsquellen (z.B. ein Parfüm, Blumen; Zwiebeln, die Hühnersuppe oder andere Speisen beim Kochen in der Küche) benannt werden, damit das Kind sie identifizieren und einordnen lernt, obwohl es sie nicht sieht.

Im häuslichen Umfeld (und später in der Kindertagesstätte) müssen mögliche Gefahrenquellen (z.B. Stolperstellen am Fußboden, Ecken und Kanten von Möbelstücken, Zugang zu Herd oder Putzmitteln in der Küche) erkannt und so abgesichert werden, so dass sich das Kind trotz fehlenden Sehvermögens nicht verletzen kann. Wenn alle Spielsachen jeweils ihren festen Platz haben, ist es für das Kind leichter, sie wieder zu finden. Wenn es sich sicher fühlt, entwickelt es mehr Initiative, sich mit ihnen zu beschäftigen, als in Räumen, in denen es sich aufgrund der verwirrenden Vielfalt der Gegenstände, die ihm beim tastenden Erkunden begegnen, nicht gut orientieren kann.

Zur Unterstützung der Orientierung und Mobilität außerhalb der Wohnung ist es sinnvoll, das Kind auf Anhaltspunkte aufmerksam zu machen, wenn sie in der Nachbarschaft unterwegs sind (z.B. Straßenecken, Bäume, Briefkästen). Diese Orientierungspunkte werden ihm später helfen, sich selbst zurechtzufinden. Um solche sprachlichen Hinweise nutzen zu können, muss es sich jedoch zunächst eine mentale Repräsentation seiner Umgebung aufbauen. Zur Förderung von Orientierung und Mobilität gehört deshalb auch, die Bedeutung von Begriffen zu vermitteln, die Anhaltspunkte in der Umgebung bezeichnen (z.B. Fenster, Türen, Gang, Fußböden, Geländer, Straßen, Bürgersteig, Fußweg, Kreuzungen, Ampeln).

Um sich in der weiteren Umgebung fortbewegen zu können, ist das blinde Kind in vielen Fällen auf die Führung durch einen Erwachsenen angewiesen. Es kann lernen, sich am Handgelenk der führenden Person festzuhalten, und einen Arm abgewinkelt vor den Oberkörper zu halten, um sich vor Hindernissen zu schützen, wenn die Begleitperson es auf ein Hindernis aufmerksam macht.

Zur frühen Förderung von Orientierung und Mobilität gehört auch eine Einführung im Gebrauch von Hilfsmitteln, z.B. des Langstocks (adaptiert hinsichtlich Länge und Rollspitze für junge Kinder), damit es von der Führung durch den Erwachsenen allmählich unabhängig wird. Als Vorläufer des Langstocks können Schiebespielsachen (z.B. kleine Wägelchen oder auch ein Puppenwagen) dienen, die möglichst die Schulterbreite des Kindes abdecken und die von den Kindern vor sich hergeschoben werden. Hierdurch sind Hindernisse gefahrlos wahrnehmbar. Gut geeignet als Hinführung zum Langstock sind darüber hinaus „Alternativstöcke", die aus einer auf Rollen montierten Rahmenkonstruktion bestehen. Es gibt keine allgemeine Empfehlung, ab welchem Alter ein blindes Kind mit dem Gebrauch eines Langstocks vertraut gemacht werden sollte. Voraussetzung ist, dass das Kind das freie Laufen mit stabiler Balance erreicht hat und gleichzeitig in der Lage ist, den Langstock zu halten. Eine wichtige Teilkompetenz dabei ist die seitwärts-Bewegung des Handgelenks zur Steuerung des Langstocks, die früh geübt werden sollte. Mittels dieser Pendeltechnik kann die Langstocknutzung eine körperbreite Schutzzone vor bodennahen Hindernissen gewährleisten, Bodenstrukturen anzeigen oder Leitlinien identifizieren. Darüber hinaus erfüllt die Langstocknutzung die Kennzeichnungspflicht im Straßenverkehr.

Als Orientierungshilfe gilt: Wenn ein Kind beginnt, „Werkzeuge" zu benutzen, um einen Gegenstand zu erreichen, dann kann es auch lernen, den Langstock zu benutzen, um sich in seiner Umgebung zu orientieren.

Das Kind muss folglich lernen, wie es den Langstock halten kann, sich mit ihm im Raum vor seinen Füßen (z.B. dem Gehweg) orientieren, wie es Hindernisse identifizieren, sie umgehen sowie Treppenstufen erkennen und abschätzen kann. Auch für diesen Bereich der Förderung ist es wichtig, Alltagsgelegenheiten aufzugreifen und individuelle Präferenzen des Kindes zu nutzen. Es wird eher bereit sein, sich mit dem zunächst ungewohnten Hilfsmittel vertraut zu machen, wenn es selbst bestimmen kann, auf welchen Wegen es den Langstock zunächst benutzen kann, und damit einen unmittelbaren Gewinn für seine Selbständigkeit erlebt. Wie bei allen Lernprozessen ist es wichtig, den Übungsablauf in konsistenter Form zu strukturieren und die Hilfestellung des Erwachsenen beim Erwerb dieser neuen Kompetenz schrittweise auszublenden.

Wie bereits dargestellt, spielt die auditive Wahrnehmung für die Orientierung und Mobilität eine wichtige Rolle (z.B. für die Identifikation und Lokalisation von Geräuschen oder für das Abschätzen von Entfernungen). Hierzu zählt auch das Ausnutzen von Schallreflexionen (z.B. Schrittschall, Langstockgeräusche). Eine spezielle Form derartiger Strategien und Techniken stellt die aktive Echolokalisation dar, die zunehmend auch im Rahmen der Frühförderung angebahnt wird. Ziel ist es, durch prägnante Zungenklicks bewusst erzeugte Signale auszusenden, die Schallreflexionen von Hindernissen bzw. Objekten erzeugen, wodurch diese geortet und im Idealfall auch identifiziert werden können (Hölscher 2018; Kish 2015). Der Amerikaner Daniel Kish, selbst frühkindlich erblindet, nutzte die Klick-Echoortung zunächst intuitiv und entwickelte bzw. perfektionierte sein Vorgehen autodidaktisch und machte die Methode weltweit bekannt. Sein didaktisches Konzept setzt mit gezielten Hörangeboten und Übungen bereits im Kleinkindalter an (Kish 2015). Ausgangspunkte hierbei sind eine grundlegende Sensibilisierung für akustische Signale und das Bewusstmachen von Schallreflexionen (z.B. durch Sprechen gegen ein Brettchen oder eine Schüssel und Sprechen ohne derartige Hindernisse). Der Zungenklick wird separat eingeübt und in die Übungen integriert. Der Zungenklick scheint deshalb sehr gut für die Echolokalisation geeignet, weil er konstant und reproduzierbar ist sowie gezielt und variabel hinsichtlich der Lautstärke eingesetzt werden kann. Von Vorteil ist darüber hinaus die Nähe und die gleichbleibende Distanz zwischen Klangerzeugung (Zunge) und Schallaufnahme (Ohren).

Kish betont, dass der Klicksonar-Einsatz stets in Kombination mit der Verwendung des Langstocks erfolgen soll und keinesfalls diesen ersetzen kann (Kish 2015). Nur durch die Kombination beider Strategien ist ein gefahrloses Fortbewegen und die Identifikation bodennaher und weiter entfernter Hindernisse möglich.

4.5 Feinmotorische und lebenspraktische Fähigkeiten

Die Entwicklung des Greifens nach Gegenständen setzt bei blinden Kindern später ein als bei sehenden Kindern. Erst mit 8-12 Monaten strecken blinde Kinder die Hand nach Gegenständen aus, ergreifen sie und lassen sie von einer Hand in die andere Hand wandern (Ferrell, 1998).

Das Greifen und Explorieren von Gegenständen stellt die Basis für die Entwicklung feinmotorischer Kompetenzen dar. Gegenstände können auf vielfältige Weise erkundet werden: in den Mund führen, mit einer oder beiden Händen greifen, hin- und herschieben, auf eine Oberfläche klopfen, hin- und her schwingen, gegen etwas schlagen, drücken, von einer Hand zur anderen Hand wechseln lassen, auseinanderziehen, fallenlassen, wegschieben und wegwerfen. Später beginnt das Kind, sie zusammen zu klopfen, ineinander zu stecken, in einen Behälter hinein zu werfen und wieder herauszuholen.

Das Explorationsverhalten blinder Kinder unterscheidet sich kaum von dem Verhalten sehender Kinder. Bradley-Johnson et al. (2004) analysierten das Explorationsverhalten von zwölf blinden Kindern im Alter zwischen 12 und 23 Monaten und verglichen die zeitlichen Anteile verschiedener Formen im Umgang mit sieben verschiedenen Spielzeugen mit dem Explorationsverhalten sehender Kinder. Es zeigten sich kaum signifikante Unterschiede. Beide Gruppen betasteten sie, drehten sie hin und her, klopften sie gegen eine Oberfläche, ließen sie von einer Hand zur anderen wandern, drückten sie zusammen oder schüttelten sie. Olson (1983), die je 15 blinde und sehende Kinder im Alter von zwei bis sechs Jahren beim Spiel beobachtete, stellte ebenfalls große Ähnlichkeiten im Interesse für

Spielsachen und in der Ausdauer bei ihrer Exploration fest. Schellingerhout et al. (1998) beobachteten lediglich eine etwas längere Phase, in der die Kinder Gegenstände mit dem Mund und mit den Fingern inspizieren.

Die Entwicklung differenzierter feinmotorischer Kompetenzen vollzieht sich langsamer als bei sehenden Kindern. Der Grad der Abweichung ist jedoch individuell sehr unterschiedlich und variiert mit der Art der Kompetenz, die für die Bewältigung eines Entwicklungsschrittes erforderlich ist.

Brambring (2007) berichtete über die durchschnittlichen Alterszeitpunkte, zu denen vier blinde Kinder (ohne zusätzliche Behinderungen) 32 feinmotorische und adaptive Kompetenzen bewältigten, und verglich sie mit Altersnormen für sehende Kinder. Für den Vergleich wurde eine Kategorisierung nach Graden der Abweichung vom Altersdurchschnitt vorgenommen. Als extreme Abweichung galten alle Fertigkeiten, bei denen der Erwerbszeitpunkt jenseits der 90%-, bzw. 95%-Norm in der Population sehender Kinder lag. Das traf für etwa zwei Drittel der Kompetenzen zu.

Einzelne Fertigkeiten (z.B. Formen in Behälter mit entsprechenden Öffnungen einwerfen, große Bausteine aufeinander stellen, Perlen auffädeln) wurden nach diesen Beobachtungen von den blinden Kindern mit einer zwei- bis dreifachen zeitlichen Verzögerung gegenüber sehenden Kindern erreicht. Am deutlichsten war die Verzögerung bei manuellen Fertigkeiten, die einen Werkzeuggebrauch erforderten (z.B. den Gebrauch eines Stabs beim Trommeln oder eines Löffels beim Essen). Bei einfachen Formen der Exploration (z.B. an Schnüren ziehen, Objekte schütteln) war die Verzögerung wesentlich geringer. Insgesamt erreichten blinde Kinder im Alter von 30 Monaten in diesem Bereich ein durchschnittliches Entwicklungsalter von 15.5 Monaten.

Um die feinmotorische Geschicklichkeit des Kindes zu fördern, eignen sich alle Gegenstände, bei denen ein gezielter Einsatz einzelner Finger erforderlich ist, um zum „Erfolg" zu führen; z.B. Spielsachen, bei denen sich etwas bewegen oder durch Druck auf eine Taste in Gang setzen lässt („Activity-Center"), Spieluhren,

bei denen auf Tastendruck oder Zug an einer Schnur Musik erklingt, Steckbretter oder Formenkisten, bei denen mit dem Zeigefinger exploriert werden kann, wo etwas hineingehört.

Auch für die Entwicklung von lebenspraktischen Fähigkeiten belegen die Daten von Brambring (2007) eine beträchtliche individuelle Variabilität. Zu den wichtigsten lebenspraktischen Fähigkeiten, die blinde Kinder vor dem Schuleintritt erwerben sollten, gehört das selbständige An- und Ausziehen, der Toilettengang, das Waschen von Händen und Gesicht, Zähneputzen und Kämmen, das Essen mit Besteck sowie einzelne Kompetenzen zur Mithilfe im Haushalt.

Die meisten blinden Kinder sind sehr gut in der Lage, diese lebenspraktischen Fähigkeiten bis zum Eintritt in die Schule zu lernen. Sie brauchen aber dazu eine Anleitung, die mehr Zeit erfordert, als wenn der Erwachsene diese Tätigkeiten selbst übernimmt. Die jeweiligen Aufgaben müssen auf ihre Teilschritte hin analysiert und dann Schritt für Schritt mit dem Kind eingeübt werden.

So enthält z.B. das An- und Ausziehen viele einzelne Handlungsschritte, die für ein blindes Kind schwieriger sind als für ein Kind, das sich visuell orientieren kann. Dazu gehört die Auswahl und Reihenfolge der einzelnen Kleidungsstücke, die Unterscheidung von oben/unten sowie rechts/links oder die Bewältigung von feinmotorischen Schwierigkeiten beim Schließen von Verschlüssen oder Knöpfen. Bei der Körperpflege sind feste Rituale sinnvoll (z.B. für die Abfolge von Schritten beim Händewaschen, die Anordnung von Seife und Handtuch), kleine Hilfen (z.B. zur taktilen Unterscheidung der Hähne für warmes und kaltes Wasser) oder Anpassungen (z.B. der Gebrauch einer elektrischen Zahnbürste), um selbständig zu werden.

Für die Planung konkreter Fördersituationen im Bereich lebenspraktischer Fähigkeiten (z.B. selbständige Nahrungsaufnahme, Kleidung an- und ausziehen, Verschlüsse handhaben) können folgende Aspekte hilfreich sein (Hergert & Hofer, 2011; Röpke, 2016):

- Berücksichtigung der erforderlichen Lernvoraussetzungen (Über welche Begriffe oder feinmotorische Kompetenzen muss das Kind verfügen? Ist das Kind für die Aufgabe motiviert? etc.)
- Genaue Analyse der einzelnen Handlungsschritte und gegebenenfalls Komplexitätsreduktion der Aufgabe (z.B. durch schrittweises Einführen von Handlungsabfolgen)
- Selbständiges Explorieren und Problemlösestrategien zulassen und in den Lernprozess integrieren
- Strukturierung der Lernumgebung (Ordnungsprinzipien anbieten, Handlungsreihenfolge beachten etc.)
- Hilfsmittelanpassung und Umgebungsgestaltung: individuelle Lösungen finden (z.B. Rutschfestigkeit herstellen, Kontrastierung durch Verwendung von Tischsets etc.), Greifhilfen für Kinder mit motorischen Beeinträchtigungen
- Transfer bzw. Integration von bereits eingeführten Strategien und Techniken

Die meisten Eltern wünschen sich, dass ihr blindes Kind in möglichst hohem Maße am normalen Alltag und den Freizeitaktivitäten der Familie teilhat. Auch hier ist eine Beratung durch die Fachkraft der Frühförderstelle sinnvoll. Da blinden Kindern die Möglichkeit fehlt, andere Kinder zu beobachten (z.B. auf dem Spielplatz, beim Radfahren), entwickeln sie seltener von sich aus den Wunsch, diese Tätigkeiten selbst auszuprobieren. Die Eltern haben ihrerseits Sorge, dass es sich verletzen könnte, oder sind sich unsicher, welche Aktivitäten geeignet sein könnten.

Zu den Freizeitaktivitäten, die für blinde Kinder bereits vor dem Schulalter möglich sind, gehören z.B.: Schwimmen und Bootfahren mit einem Erwachsenen, Beschäftigungen im Sandkasten und auf dem Spielplatz, Schlittenfahren, Skifahren (mit spezieller Instruktion), Tanzen, Tischspiele mit Regeln, kreative Tätigkeiten mit Bausteinen, altersgerechte Spiele am Computer, Mitwirkung an der Gartenarbeit, Camping, Besuche in einem Kindermuseum (insbesondere wenn es interaktive Erfahrungsmöglichkeiten bietet).

4.6 Kognitive Entwicklung

Fehlendes Sehvermögen bedeutet keine Einschränkung dafür, was das Kind lernen kann; aber es bedeutet, dass es auf anderem Wege lernt als sehende Kinder. Es kann nicht beiläufig oder durch Beobachtung und Nachahmung lernen, sondern muss sich Wissen und Kenntnisse durch aktive Erkundung aneignen. Es braucht mehr Zeit als sehende Kinder, um die Eindrücke aus den verschiedenen Sinneskanälen (vor allem akustische und taktile Informationen) nacheinander aufzunehmen, zu integrieren und ihre Bedeutung zu verstehen. Und es steht vor besonderen Schwierigkeiten bei der Verarbeitung von einzelnen Konzepten, die sich auf visuelle Erfahrungen beziehen.

Sehr viele Fertigkeiten erwirbt ein sehendes Kind beiläufig, indem es andere beobachtet und nachahmt. Wenn ein anderes Kind neben ihm spielt, wird es seine Handlungen beobachten und imitieren. Wenn es sieht, wie sein großer Bruder sich am Morgen anzieht, hat es ein Modell, an dem es sich orientieren kann, wenn es selbst sein Hemd und seine Hose überzustreifen versucht. Springen, Hüpfen, Klettern – alles das wird über Imitation gelernt. Nachahmung ist auch ganz wichtig, um sich an symbolischem Spiel („So-tun-als-ob") oder Rollenspielen zu beteiligen, z.B. so zu tun, als ob es aus einer leeren Tasse trinkt und dann auch seiner Mamaeinen imaginären Bissen von einem leeren Spieltellerchen anbietet, oder vorgibt, Busfahrerin, Kinderarzt oder Postbote zu sein. Blinden Kindern fehlen viele dieser Lerngelegenheiten und sie können sich zunächst nur ein fragmentiertes Bild ihrer Umgebung machen.

Ein Beispiel: Wenn es einen Apfel zu essen gibt, dann sieht ein kleines Kind im Kinderstuhl zunächst seine Mutter, die den Apfel aus dem Obstkorb nimmt, zum Küchenschrank geht, ein Messer herausnimmt, den Apfel schält und in Stücke schneidet, den Abfall in den Mülleimer wirft und die Apfelstücke anschließend auf das kleine Tischchen legt, das an den Kinderstuhl befestigt ist. In dieser kurzen Beobachtungssequenz erfährt es, wie ein Apfel aussieht, bevor und nachdem er geschält ist, wo in der Küche verschiedene Utensilien zu finden sind, dass man ein Messer braucht, um den Apfel zu schälen und zu schneiden, was man mit dem

Abfall macht – und dass die Mutter vielleicht genauso ein Stück vom Apfel isst wie es selbst.

Für ein blindes Kind ergibt sich dagegen ein ganz anderes Bild. Es lernt einen Apfel nur in geschälter und kleingeschnittener Form kennen und erlebt, dass ein Apfelschnitz plötzlich auf dem Tischchen vor seinem Kinderstuhl auftaucht. Die Wahrnehmung akustischer Sinneseindrücke kann das fehlende Sehvermögen nicht ersetzen. Die Geräusche der Schublade des Küchenschranks, das Klappern des Messers, das leise Geräusch, wenn die Apfelstücke auf den Tisch gelegt werden, geben ihm nicht die Möglichkeit, sich ein Bild von dem zu machen, was gerade geschieht. Auch wenn die Mutter fortlaufend beschreibt, was sie gerade tut, hilft ihm das erst dann, wenn es die Bedeutung der Worte Apfel, Schrank, Messer, schneiden, essen usw. versteht und einordnen kann.

Wenn Informationen primär über den haptischen Wahrnehmungskanal gesammelt werden müssen, bedeutet das, dass das Kind einzelne Tasteindrücke wie ein Puzzle zu einem Bild von einem Gegenstand zusammenfügen muss – allerdings ohne zuvor das vollständige Puzzle einmal gesehen zu haben. Während ein sehendes Kind einen Hund mit all seinen Einzelheiten (Schwanz, Zähne, Nase usw.) erfassen kann, ist ein blindes Kind darauf angewiesen, die einzelnen Sinneseindrücke (z.B. ein wackelnder Schwanz, eine nasse Schnauze, vier Beine, lautes Bellen) zusammenzusetzen und sich daraus ein Bild – das Konzept „Hund" – zu machen.

Nicht alles, was in der Umwelt interessant sein könnte, kann zudem durch Tasten erkundet werden. Farben haben keine Tastqualitäten, Vögel und Schmetterlinge sind zu schnell, Flugzeuge zu groß, um sie zu ertasten. Und Bücher, die es einem sehenden Kind ermöglichen, die Welt zu entdecken, sind für ein blindes Kind ohne Wert, wenn sie nur visuell zugängliche Bilder präsentieren. Trotz der skizzierten Erschwernisse muss betont werden, dass blinde Kinder selbstverständlich auch adäquate Vorstellungen von visuellen Konzepten (z.B. Farben) erwerben können (Lang, 2017). Wichtig hierbei ist, dass die Bezugspersonen auf diese nicht zugänglichen Merkmale aufmerksam machen, so dass blinde Kinder über vielfältige Beispiele erfahren, bei welchen Objekten und in welchen Zusammenhängen „rot" auftritt und wann dieses Merkmal ein kritisches

Merkmal ist (z.B. Feuerwehrauto), wann es für Eigenschaften wie „reif" (z.B. Obst) steht und wann diese Farbe als Warnsignal (z.B. rote Ampel) verwendet wird. Über derartige Alltagserfahrungen und auch über individuelle emotionale Zuordnungen (z.B. der Lieblingspulli ist rot) entwickeln auch blinde Kinder eine Lieblingsfarbe.

Blinde Kinder sind in besonderer Weise darauf angewiesen, dass ihre Bezugspersonen für sie viele Gelegenheiten im Alltag schaffen, aus denen sie sich ein Bild von ihrer Umgebung machen können, und die Abfolge von Handlungen so strukturieren, dass ihnen die Orientierung und das Verständnis von Ursache und Wirkungen leichter fällt. Sie brauchen sowohl Erfahrungen mit realen Gegenständen, die es mit Hilfe des Erwachsenen tastend erkunden kann, als auch spezifisch für sie adaptierte Lernmaterialien und klare verbale Beschreibungen, um sich kognitive Konzepte anzueignen.

Zu den Konzepten, die mit Blick auf die spätere Bewältigung schulischer Anforderungen eingeführt werden müssen, gehören dann auch räumliche Begriffe (vor/hinter, oben/unten/in/außerhalb), quantitative Begriffe (voll/leer, groß/klein, lang/kurz, viele/wenige), zeitliche Begriffe (vorher/nachher, Tag/Nacht, heute/morgen/gestern), und Begriffe, die Berührungsqualitäten bezeichnen (kalt/warm, hart/weich, weich/rau).

Blinde Kinder müssen lernen, Dinge nach Gemeinsamkeiten (z.B. Tiere oder Früchte) und nach ihrer Funktion (z.B. Kleidungsstücke, Spielsachen) zu ordnen, miteinander zu vergleichen und voneinander zu unterscheiden.

4.7 Vorsprachliche Kommunikation

Die kommunikative Entwicklung aller Kinder vollzieht sich in einer Abfolge aus mehreren Stufen. Zunächst verfügt das Kind über ungezielte Ausdrucksformen (z.B. Weinen, Lächeln, Quengeln), an denen sich das Befinden des Kindes erkennen lässt. Dann beginnt es, vorsprachliche Kommunikationsformen wie das Zeigen oder das Ausstrecken der Hand einzusetzen, mit denen es seine Absichten und Wünsche ausdrückt. Darauf bauen dann Gesten und erste Worte als Mittel der Verständigung auf. Die vorsprachlichen Kommunikationsformen werden mit unterschiedlicher Funktion im Dialog mit den Bezugspersonen eingesetzt:

- Ausdruck von Wünschen (z.B. Bitte um ein Objekt oder eine Handlung, Ablehnung und Zurückweisung),
- Suche nach sozialer Interaktion (z.B. Begrüßen, Suche nach Trost, Bitte um ein ritualisiertes Spiel mit dem Erwachsenen)
- Abstimmung der Aufmerksamkeit auf ein gemeinsames Thema (z.B. Kommentieren einer Handlung oder eines Objekts, Erfragen einer Information)

Intuitiv unterstützen alle Eltern diesen Entwicklungsprozess. Sie „übersetzen" Signale des Kindes und geben ihnen Bedeutung (z.B. „huch, du magst es nicht, wenn dein Gesicht nass wird"), geben ihnen Gelegenheiten, zwischen Alternativen zu wählen („ah, du magst lieber den Keks"), unterbrechen beliebte Tätigkeiten für einen kurzen Moment (z.B. das Kind zu schaukeln) und warten auf ein Zeichen des Kindes, das es eine Fortsetzung möchte, und entwickeln ritualisierte Dialoge (z.B. Winken in einem Moment des Abschieds). Wenn sich das Kind in vorsprachlicher Form verlässlich an solchen kleinen „Dialogen" beteiligt, benennen die Eltern die Gegenstände, auf die sich die kindliche Aufmerksamkeit gerade richtet, und kommentieren Handlungen und Ereignisse. An diesen „Modellwörtern" orientieren sich die Kinder dann beim Übergang von der vorsprachlichen in die verbale Phase.

Damit die wechselseitige Abstimmung („joint attention") im Dialog gelingt, orientieren sich die Eltern sehender Kinder an Blickkontakt und an der Blickrichtung des Kindes. Fehlendes Sehvermögen erschwert die Entwicklung von Dialogen über ein gemeinsam interessierendes Thema. Die Eltern müssen lernen, die Signale und Ausdrucksformen ihres blinden Kindes richtig zu interpretieren und sich auf sie einzustellen.

Sapp (2001) befragte die Mütter von acht sehbehinderten und blinden Kindern nach den präverbalen Kommunikationsformen ihrer Kinder und verglich die Angaben mit denen von Müttern normalsichtiger Kinder. Nach Einschätzung der Mütter machten die blinden Kinder weniger Versuche, die Aufmerksamkeit des Erwachsenen auf sich zu lenken. Sowohl sehbehinderte als auch blinde Kinder setzten weniger präverbale Kommunikationsformen ein, um die Aufmerksamkeit auf gemeinsam interessierende Objekte oder Ereignisse in der Umwelt zu lenken.

Blinde Kinder brauchen länger, um zu lernen, wie sie sich an einem reziproken, gut aufeinander abgestimmten Dialog beteiligen können (Kekelis & Andersen, 1984; Webster & Roe, 1998). Es kann z.B. sein, dass ein blindes Baby zunächst weniger vokalisiert und seltener auf Ansprache durch die Eltern mit eigenen Lauten und Silben antwortet (Rowland, 1983). Wenn das Kind ruhig ist, Mimik und Körper unbewegt, dann wartet es vielleicht ab, was als nächstes geschieht. Wenn es seinen Kopf von einer Geräuschquelle abwendet, den Kopf senkt oder aufgeregt atmet, dann ist das vielleicht ein Zeichen für sein Bemühen, aufmerksam zu lauschen. Wenn es zusammenzuckt und zu weinen beginnt, dann war es vielleicht durch eine Berührung irritiert, die es nicht erwartet hat. Statt auf etwas zu deuten oder die Hand zu einem interessanten Gegenstand auszustrecken, hält es u.U. inne oder zeigt mit flüchtigen Tastbewegungen, dass es eine Aktivität interessiert. Jede dieser Reaktionen kann von den Bezugspersonen missverstanden werden als Passivität, Desinteresse oder Ablehnung des Kontakts, so dass die Abstimmung der Interaktion in der Dyade misslingt (Fraiberg, 1977; Baird et al., 1997; Loots et al., 2003).

Rituale helfen einem blinden Kind, die Struktur solcher „kleinen Dialoge" zu erkennen. Viele Eltern setzen intuitiv solche Rituale in der Interaktion mit kleinen Kindern spontan ein, z.B. „Wenn der Reiter fällt, dann macht er ...", Finger- oder Geben-und-Nehmen-Spiele. Die damit verbundenen auditiven und taktilen Informationen machen es auch einem blinden Kind möglich, sich mit ersten Lautäußerungen am Dialog zu beteiligen.

Fingerspiele, Reime und Kinderlieder sind für die meisten blinden Kinder interessant und eine gute Gelegenheit, solche kleinen Dialoge einzuführen, ohne dass schon eine Abstimmung auf ein „äußeres" Objekt erforderlich ist. Sie machen dabei die Erfahrung, dass ihre Äußerungen und eigenen Handlungen imitiert werden, so dass sich „Turn-Taking"-Muster entwickeln.

Tadic et al. (2009) und Dale et al. (2013) identifizierten die Abstimmung einer gemeinsamen Aufmerksamkeitsrichtung auf einen Gegenstand der Umgebung als eine wesentliche Schwierigkeit bei der sozialen Teilhabe von Kindern mit Sehschädigungen im frühen Kindesalter.

Wechselseitige Abstimmung der Aufmerksamkeit auf ein gemeinsames Thema kann z.B. dadurch erleichtert werden, dass der Erwachsene seine Hand behutsam auf die Hand des Kindes legt, den ertasteten Gegenstand kommentiert und mit dem Kind gemeinsam eine interessante Handlung damit ausführt (z.B. „Da hast du eine Trommel entdeckt – lass uns mal darauf klopfen").

Die Fähigkeit der Eltern, die Aufmerksamkeitsrichtung des Kindes wahrzunehmen und sich darauf einzustellen, ist entscheidend für das Gelingen dialogischen Spiels. Herrera (2015) untersuchte in einer Dissertation solche Abstimmungsprozesse in zwölf Dyaden mit blinden Kindern (18-48 Monate). Eine Sequenzanalyse zeigte, dass die kindliche Responsivität und die Dauer gemeinsamer Interaktionen im Spiel positiv assoziiert waren mit der Fähigkeit der Eltern, nicht typische kindliche Reaktionen in der Interaktion wahrzunehmen und zu beantworten.

4.8 Sprachliche Fähigkeiten

Forschungsarbeiten zeigen, dass sich der Wortschatz blinder Kinder und ihre grammatischen Fähigkeiten in ähnlichen Zeiträumen entwickeln wie bei Kindern mit intaktem Sehvermögen. Die Unterschiede in den Erfahrungsmöglichkeiten der Kinder können zwar zu Unterschieden in der Zusammensetzung des Wortschatzes und im Sprachgebrauch (d.h. den pragmatischen Kompetenzen) führen, bedeuten jedoch keine generelle Verzögerung der Sprachentwicklung, sofern keine zusätzlichen Behinderungen vorliegen (Mosco et al., 2015).

In einer Zusammenfassung von 14 Einzelfällen berichtete Mulford (1988) als durchschnittlicher Erwerbszeitpunkt für das erste Wort 14.7 Monate, McConachie & Moore (1994) in einer Studie an neun Kindern 18.2 Monate, Brambring (2007) in der Bielefelder Längsschnittstudie 16.0 Monate. In seinen Daten zeigte sich nur bei 17% der 29 Items zur sprachlichen Entwicklung, die in der Längsschnittstudie erhoben wurden, eine extreme oder deutliche Abweichung. Der relative

Entwicklungsrückstand blinder Kinder im Alter von 30 Monaten betrug in diesem Bereich lediglich 6.4 Monate.

Der anfängliche Wortschatz eines blinden Kindes enthält meist mehr Nomina als Bezeichnung für Objekte als bei sehenden Kindern; diese Bezeichnungen werden auf einzelne Gegenstände angewendet, die das Kind in seiner Umgebung kennengelernt hat. Seine Äußerungen beziehen sich häufiger auf die eigene Erfahrung als auf Handlungen von anderen Menschen in ihrer Umgebung. Eine Übertragung auf andere Gegenstände der gleichen Art geschieht langsamer, Übergeneralisierungen – wie sie bei sehenden Kindern zu beobachten sind, z.B. wenn alle vierbeinigen Tiere zunächst „wau-wau" genannt werden – sind seltener (Mills, 1988).

Als ein Meilenstein der frühen lexikalischen Entwicklung gilt der Zeitpunkt, zu dem ein Wortschatz von etwa 50 Wörtern erreicht ist. Diesen Zeitpunkt gibt Mulford (1988) für die von ihr untersuchten blinden Kinder bei 20.1 Monaten an. Dies ist wenig später als bei den meisten Kindern mit unbeeinträchtigtem Sehvermögen. Erste Wortverbindungen werden nach Brambring (2007) von blinden Kindern im Alter von durchschnittlich 25.0 Monaten gebildet. Im weiteren Entwicklungsverlauf entsprechen auch die Länge ihrer Äußerungen und das grammatische Regelwissen bei der Satzbildung den Fähigkeiten gleich alter sehender Kinder (u.a. Perez-Pereira & Castro, 1992).

*** Ein Blick in die Forschung: Wortschatzaufbau blinder Kleinkinder

Pfahl, N. & Sarimski, K. (2015) :

Wortschatz blinder Kleinkinder

Blind-sehbehindert, 136, 273-279

Die Autoren analysierten den Wortschatz und die frühen syntaktischen Kompetenzen bei 12 Kindern im Alter zwischen 23 und 30 Monaten mittels der

Kurzform des FRAKIS, eines Elternfragebogens. Der Schweregrad der Sehschädigung (blind/hochgradig sehbehindert vs. leichtere Sehbehinderung) stand in keinem signifikanten Zusammenhang zum Wortschatzumfang und den morphologisch-syntaktischen Kompetenzen der Kinder. Das Vorliegen einer zusätzlichen intellektuellen oder körperlichen Beeinträchtigung erwies sich dagegen als signifikanter Einflussfaktor auf den Wortschatzumfang und die Satzkomplexität. Fünf der sechs Kinder mit unterdurchschnittlichem Wortschatzumfang und Verzögerungen in der Flexionsmorphologie sowie Bildung von Wortkombinationen waren Kinder mit zusätzlichen, gravierenden medizinischen Komplikationen (v.a. Hirnblutungen im Kontext einer sehr unreifen Geburt).

***

Für die ersten Stufen des Wortschatzerwerbs ist es sehr wichtig, dass die Kommentare des Erwachsenen jeweils gut abgestimmt sind auf das, worauf das Kind im gleichen Moment seine Aufmerksamkeit gerichtet hat.

Die Förderung sprachlicher Fähigkeiten geschieht in erster Linie über dialogische Kommunikation mit einer Bezugsperson und sollte sich auf konkrete Erfahrungsmöglichkeiten zu Dingen oder Ereignissen beziehen, die das Kind auch unmittelbar wahrnehmen kann. Das führt zu der Empfehlung, von Anfang an den Einsatz von CDs, MP3-Playern oder Computern eng zu begrenzen. Viele Kinder mögen es zwar, Lieder oder Geschichten zu lauschen, die sie auf diese Weise hören. Gerade bei blinden Kindern besteht aber eine gewisse Gefahr, dass sie sich damit von ihrer Umwelt isolieren.

Allerdings zeigt die Sprachentwicklung einige qualitative Auffälligkeiten. Dazu gehört für eine gewisse Zeit die Neigung, viele Fragen zu stellen und häufig Worte oder Sätze zu wiederholen, die es hört (Echolalie; Anderson et al., 1984). Echolalische Äußerungen, die auch beim Spracherwerb sehender Kinder auftreten, scheinen den Kindern bei der Verarbeitung des sprachlichen Inputs zu helfen

(Perez-Pereira & Conti-Ramsden, 2005). Sie sollten jedoch bei blinden Kindern nicht verstärkt werden.

Das Kind muss lernen, dass es Situationen gibt, in denen die genaue Wiederholung dessen, was es gehört hat, erwünscht ist (z.B. wenn es einen Kinderreim oder einen Liedtext lernen soll) und in welchen sozialen Situationen das nicht der Kommunikation dient. Wenn ein blindes Kind sehr viel echolaliert, kann das darauf hinweisen, dass der sprachliche Input der Bezugspersonen zu komplex ist und vereinfacht werden sollte.

In späteren Sprachentwicklungsphasen lässt sich ein inkorrekter Gebrauch von Personal- und Possessivpronomen (z.B. ich, du, seins, ihres) oder räumlichen Präpositionen (z.B. auf, unter, neben) beobachten; abstrakte Begriffe wie „Straße" oder Bezeichnungen für Gegenstände, die taktil sehr ähnlich zueinander sind (z.B. „Spiegel" und „Fenster"), werden erst später korrekt verwendet. Auch dies lässt sich als direkte Folge des fehlenden Sehvermögens verstehen. Für blinde Kinder ist es schwieriger, die Bedeutung dieser Worte jeweils richtig zuzuordnen (Dunlea, 1989; Brambring, 2006). Diese Schwierigkeiten werden von den meisten blinden Kindern jedoch rasch überwunden. Mit drei Jahren können sie z.B. Personalpronomen in der Regel korrekt verwenden.

Neben diesen Auffälligkeiten in der lexikalischen Entwicklung lassen sich einige Besonderheiten im Sprachgebrauch beobachten, die sich aus dem Fehlen des Sehvermögens erklären lassen. Blinde Kinder wählen als Anlässe für Dialoge eher die Kommentierung eigener Handlungen statt Ereignisse oder Handlungen in der Umgebung, weil sie sie nur eingeschränkt wahrnehmen. Sie neigen dazu, die Äußerungen von anderen Kindern oder Erwachsenen zu unterbrechen. Sie haben den Wunsch, die Aufmerksamkeit auf sich zu lenken und sich am Gespräch zu beteiligen, können jedoch weniger gut einschätzen, wann der Gesprächspartner seine Äußerung abgeschlossen hat und ein günstiger Zeitpunkt für einen eigenen Beitrag wäre. Sie können nonverbale Signale des Gesprächspartners in der Kommunikation (z.B. den Gesichtsausdruck, die Körperhaltung, Kopfbewegungen oder eine Geste des Gegenübers) aufgrund ihres fehlenden Sehvermögens nicht für die Gesprächsgestaltung nutzen.

*** Ein Blick in die Forschung: Pragmatische Sprachkompetenzen von Kindern mit Sehschädigungen

Trefz, A. & Sarimski, K. (2013):

Kommunikativ-pragmatische Auffälligkeiten bei Kindern mit Sehschädigungen

Sprache-Stimme-Gehör, 37, 157-163

Die Autoren analysierten die kommunikativ-pragmatischen Kompetenzen von 43 sehbehinderten und 15 blinden Kindern im Alter zwischen 4 und 11 Jahren. Sie verwendeten den „Einschätzungsbogen kommunikativer Kompetenzen" (deutsche Version der „Children's Communication Checklist", CCC). Die Eltern beschrieben auch in dieser Stichprobe Einschränkungen im Beziehungsverhalten im Gespräch und im Bezug der Äußerungen zum Kontext. Sie berichteten über auffällige Initiierungen von Gesprächen sowie Gesprächsstereotypien. Diese pragmatischen Auffälligkeiten waren sowohl bei den blinden als auch den sehbehinderten Kindern zu beobachten. Wenn eine zusätzliche intellektuelle Behinderung vorliegt, waren sie jedoch wesentlich stärker ausgeprägt.

***

Der Gestaltung des sprachlichen Dialogs kommt besondere Bedeutung zu, um die sprachliche Entwicklung blinder Kinder zu unterstützen. Einige Studien weisen darauf hin, dass sich Mütter blinder Kinder in ihrem Sprachstil unterscheiden von Müttern sehender Kinder. Sie richten viele Fragen an die Kinder, um deren Kenntnis zu „testen", initiieren den Dialog häufiger, haben einen höheren Gesprächsanteil, stellen mehr Aufforderungen und benennen Objekte häufiger als die Mütter sehender Kinder, die ihrerseits mehr über die Eigenschaften von Objekten oder andere Sachverhalte in der Umwelt sprechen (Kekelis & Andersen, 1984; Kekelis & Prinz, 1996; Moore & McConachie, 1994). Die Befunde der Studien zu diesem

Thema sind jedoch nicht eindeutig, was wohl darauf zurückzuführen ist, dass es sich meist um Einzelfallstudien handelt, deren Ergebnisse nur begrenzt verallgemeinert werden können (Behl et al., 1996).

Eine stärkere Lenkung des Gesprächs, viele Aufforderungen und „Testfragen" sind als Anpassungen der Eltern an die Schwierigkeiten zu verstehen, mit den Kindern einen gemeinsamen Aufmerksamkeitsfocus zu etablieren. Sie bringen jedoch das Risiko mit sich, dass die Kommunikation asymmetrisch bleibt und die Kinder wenig Motivation zur Äußerung von eigenen Wünschen, Kommentaren oder Fragen entwickeln.

Die Eltern müssen darauf achten, das Kind nicht mit einem ständigen Fluss von Äußerungen oder Fragen zu überfordern, Pausen einlegen und sich darauf konzentrieren, die kindlichen Beiträge aufzugreifen und zu erweitern (Chen & Dote-Kwan, 2018).

Das heißt, sie sollten:

- das, was das Kind gerade erkundet oder tut, mit Schlüsselwörtern oder kurzen Sätzen begleiten („parallel talk"),
- Objekte und Materialien beschreiben, die das Kind vorfindet,
- ihre eigenen Handlungen mit kurzen Sätzen beschreiben, damit das Kind versteht, was gerade in ihrem Umfeld geschieht („self talk"),
- auf Sachverhalte in der Umwelt aufmerksam machen
- Schlüsselwörter in ihren Äußerungen wiederholen, um die Aufmerksamkeit der Kinder darauf zu lenken
- und die Äußerungen des Kindes ihrerseits expandieren, um ihm Satzmuster als Modelle anzubieten.

*** Ein Blick in die Forschung: Interaktion von Müttern mit blinden Kindern

Sarimski, K. (2010):

Interaktion von Müttern mit blinden und hochgradig sehbehinderten Kleinkindern. Gemeinsamkeiten und individuelle Unterschiede.

Blind-sehbehindert, 130, 80-87 und 154-160

Es werden Beobachtungen zur Mutter-Kind-Interaktion im Spiel im häuslichen Umfeld bei fünf blinden Kindern im Alter zwischen 1;11 und 3;1 Jahren berichtet. Im Durchschnitt sind ein Drittel der mütterlichen Beiträge eigene Initiativen zur Weckung und Lenkung von Aufmerksamkeit oder Ankündigungen von Aktivitäten und Veränderungen, zwei Drittel jedoch Reaktionen auf kindliche Handlungen und Kommunikationsbeiträge. Die Mütter unterscheiden sich in der Sensibilität und Responsivität, mit der sie auf kindliche Signale von Dialogbereitschaft eingehen. Dies zeigt sich sowohl in der qualitativen Auswertung der Videoaufzeichnungen als auch in der quantitativen Beurteilung mittels eines Beobachtungssystems, das in Anlehnung an Dote-Kwan (1995) gestaltet wurde. Die Abb. 8 vermittelt einen Eindruck von den individuellen Unterschieden in der Dialoggestaltung seitens der Mütter.

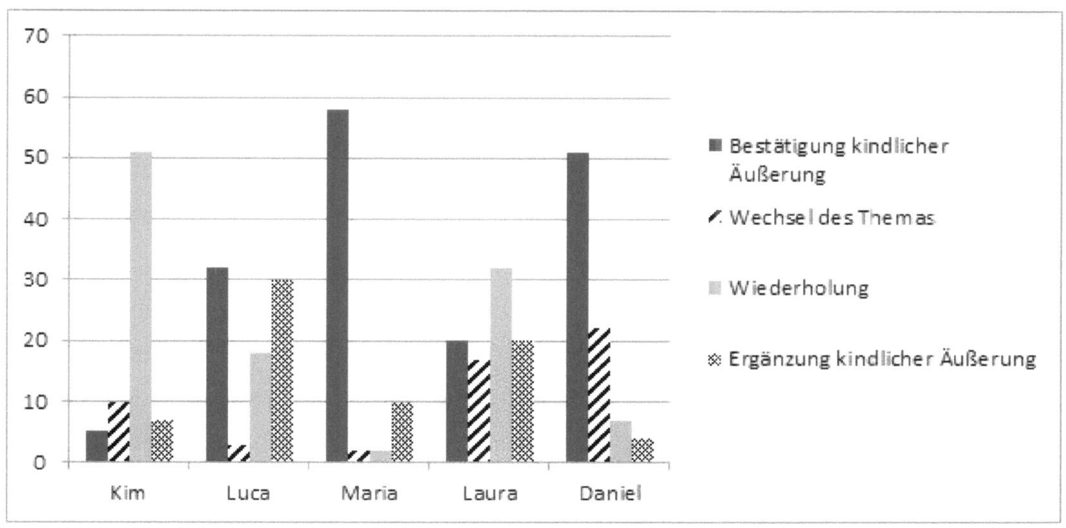

Abb. 8 Relativer Anteil (in %) von sprachlichen Äußerungen der Mütter von fünf blinden Kindern im Dialog (Sarimski, 2010)

***

Eine wichtige Unterstützung für die Förderung der sprachlichen Entwicklung bietet das dialogische Lesen von Tastbilderbüchern. Der Erwachsene kann dabei viele offene Fragen stellen, die Kommentare des Kindes erweitern, seine sprachlichen Beiträge bestärken und dabei jeweils der Aufmerksamkeitsrichtung des Kindes folgen.

„Tastbilderbücher", die von der Fachkraft der Frühförderung oder den Eltern selbst hergestellt werden oder im Handel bezogen werden können, eignen sich sowohl für die Förderung der Tastwahrnehmung als auch für die Förderung der sprachlichen Kompetenzen blinder Kinder.

Die ersten Bilderbücher sollten sich auf den vertrauten Alltag des Kindes beziehen und Realgegenstände enthalten. So kann z.B. ein Tastbilderbuch gestaltet werden zum Thema „Badezimmer", in dem das Kind einen kleinen Schwamm, ein Stückchen Seife und ein Stück von einem Handtuch vorfindet. Die Kinder können an Tastbilderbüchern üben, im Kontext kleiner Geschichten unterschiedliche taktile Oberflächen und Gegenstände zu „erforschen". Wenn die Bilderbücher auch

Beschriftungen im Braille-Format enthalten, können sie damit gleichzeitig erste Erfahrungen im Kontakt mit der Schrift machen, die sie später lernen werden. Die Tastbilderbücher müssen haltbarer gemacht werden, damit sie der stärkeren Benutzung beim taktilen Erkunden standhalten.

4.9 Emotionale Kompetenzen

„Responsivität" der Bezugspersonen, d.h. die Fähigkeit und Bereitschaft, sich auf die Aufmerksamkeitsrichtung des Kindes und seine kommunikativen Signale einzustellen, ist nicht nur für die kognitive und kommunikative Entwicklung eines blinden Kindes von besonderer Bedeutung, sondern auch für seine sozial-emotionale Entwicklung.

Die Fachkraft kann den Eltern im Rahmen ihrer Beratung helfen, Sicherheit im Erkennen und Interpretieren der Signale des Kindes zu gewinnen, so dass sie prompt und zuverlässig reagieren, wenn es Trost oder Schutz braucht, und sich eine sichere Bindung entwickeln kann.

Die Tatsache der Blindheit des Kindes an sich stellt kein Hindernis für die Entwicklung einer sicheren Bindung dar. Die Entwicklung einer sicheren Bindung des Kindes kann jedoch durch die emotionalen Belastungen der Eltern und durch die weniger deutliche Lesbarkeit der kindlichen Signale erschwert sein. Blinde Babys senden nicht die gewohnten Signale von Kontaktbereitschaft, Interesse, bzw. Bedürfnis nach einer Pause aus. Ihre Signale sind u.U. schwer zu erkennen und flüchtiger, so dass sie vom Erwachsenen zunächst nicht wahrgenommen werden. Dadurch dass die Kinder im Säuglingsalter insgesamt passiver sind, weniger vokalisieren, leichter irritierbar sind und es an einer Abstimmung über Blickkontakt und Gesten fehlt, sind ihre Eltern zunächst unsicherer als die Eltern sehender Säuglinge in ihrer Interaktion.

Schwierigkeiten in der Regulation der frühen Interaktionen zeigen sich in einer höheren Irritierbarkeit, geringeren Reaktionsbereitschaft auf Anregungen und geringeren Initiative und Ausdauer bei der Erkundung der Umwelt (Dote-Kwan & Chen, 2010; Alon et al., 2010).

Die Einführung von „Ankündigungssignalen", mit denen das Kind darauf vorbereitet wird, was als nächstes geschieht, sowie feste Rituale bei Alltagsabläufen können das Gelingen der frühen Eltern-Kind-Interaktionen erleichtern. Dazu werden bestimmte Berührungen, Gegenstände, Bewegungen oder Sätze ausgewählt und mit jeweils einer Alltagshandlung verknüpft, z.B. wenn das Kind hochgenommen, in den Kinderstuhl gesetzt oder in die Badewanne gelegt wird. Solche Ankündigungssignale tragen mit der Zeit dazu bei, dass es solche Situationen nicht mehr als Stress empfindet und weniger leicht irritierbar ist.

Das fehlende Sehvermögen erschwert darüber hinaus die Aneignung von komplexeren emotionalen Fähigkeiten, die für die soziale Teilhabe von Bedeutung sind. Sehende Kinder lernen die primären Emotionen (Freude, Trauer, Furcht) an der Mimik des Gegenübers zu unterscheiden und erleben, dass sich ihre eigenen Gefühle in der Mimik des Gegenübers spiegeln.

Es fällt blinden Kindern entsprechend schwerer, Emotionen bei sich und anderen zu erkennen. Sie sind auf kurze sprachliche Erklärungen der Erwachsenen angewiesen, mit denen sie die vermutete Emotion des Kindes oder ihre eigene Emotion benennen, damit das Kind sie unterscheiden lernt.

Wenn die Mutter den Raum verlässt, kann sie z.B. kommentieren „Du bist traurig, dass Mama jetzt zur Arbeit geht, du vermisst sie." Wenn das Kind sich freut, wenn es geschaukelt wird, könnte der Kommentar lauten: „Du bist froh. Du magst Schaukeln gern." Wenn seine Mutter sich gestoßen hat, könnte sie sagen: „Mama hat sich weh getan. Sie ist traurig. Sie braucht eine Umarmung."

*** Ein Blick in die Forschung: Sozial-emotionale Kompetenzen von Kleinkindern

Lang, M., Sarimski, K. & Hintermair, M. (2016):

Sozial-emotionale Kompetenzen von Kleinkindern mit einer Sehschädigung aus Sicht der Eltern

Blind-sehbehindert, 136, 1, 8 - 18

Die Eltern von 13 blinden und 41 sehbehinderten Kindern im Alter von 19-36 Monaten berichten über die sozial-emotionalen Kompetenz ihrer Kinder. Die Kompetenzen blinder Kinder werden dabei fast durchweg niedriger eingeschätzt als die Kompetenzen sehbehinderter Kinder. Besonders deutlich sind die Unterschiede in der Einschätzung der Kooperationsfähigkeit der Kinder, ihrer Fähigkeit zur Steuerung ihrer Aufmerksamkeit sowie zu empathischen Reaktionen. Nur wenige Eltern berichten, dass ihr blindes Kind bereits auf die Gefühle anderer reagiert, sie selbst wissen lässt, wann es Hilfe oder Trost braucht, von sich auf vertraute Menschen zugeht und mit ihnen spielt, bzw. spricht und von sich aus Zuneigung ausdrückt. Dies ist weitgehend unabhängig davon, ob eine zusätzliche intellektuelle Behinderung vorliegt.

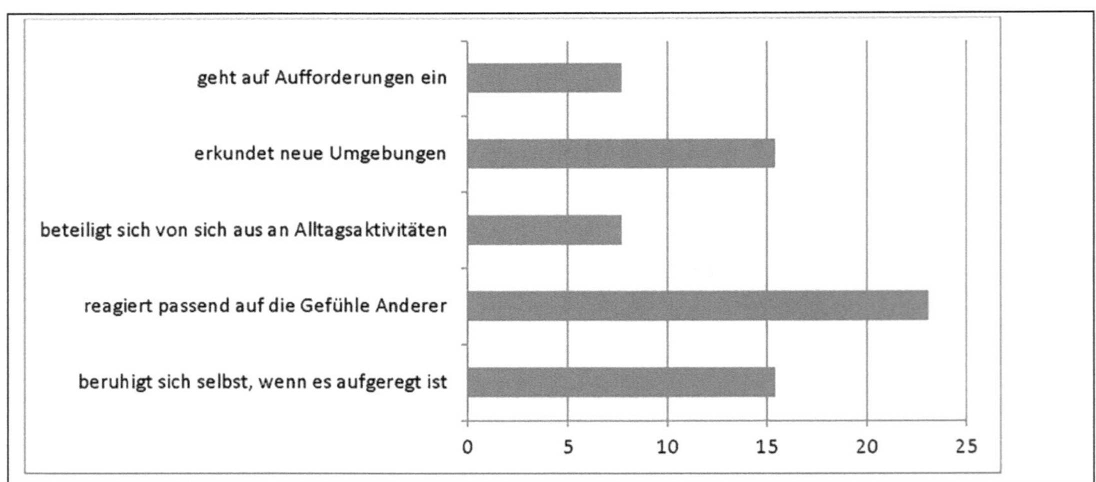

Abb. 9 Exemplarische sozial-emotionale Kompetenzen von blinden Kleinkindern (n = 13, in %; Lang et al., 2016)

***

So wie das Erkennen und Benennen von Emotionen erschwert ist, gehört auch die Entwicklung der Fähigkeit zur Perspektivenübernahme und zur Empathie zu den emotionalen Kompetenzen, deren Erwerb für blinde Kinder schwieriger ist.

Mit vier bis fünf Jahren entwickeln sehende Kinder eine „Theory of Mind", d.h. eine Vorstellung von den Sichtweisen, Absichten und Wünschen einer anderen Person. Blinde Kinder zeigen erst später eine Fähigkeit zur Perspektivenübernahme, Empathie und eine solche Vorstellung von den Sichtweisen und Gedankengängen eines Gegenübers (McAlpine & Moore, 1995; Brambring & Asbrock, 2010; Pijnacker & Vervloed, 2012). Allerdings ist nicht geklärt, ob diese Verzögerung auf das fehlende Sehvermögen allein zurückzuführen ist. So fanden Begeer et al. (2014) Defizite in der „Theory of Mind" nur bei Kindern mit zusätzlichen intellektuellen Beeinträchtigungen, wenn die Untersuchungsaufgaben so gestaltet wurden, dass sie ausschließlich taktile und auditive Wahrnehmungsfähigkeiten erforderten.

4.10 Soziale Kompetenzen

Eine Trennung von den Eltern, die Orientierung in der fremden Umgebung einer Kindergruppe sowie die Kontaktaufnahme und Beteiligung am Spiel der anderen Kinder stellen besondere Herausforderungen für blinde Kinder dar. Sie verlieren die Sicherheit des Kontakts mit der vertrauten Bezugsperson und brauchen deshalb eine besonders sorgfältige Unterstützung bei der Eingewöhnung in eine Krippe oder einen Kindergarten.

Ein Kind mit unbeeinträchtigtem Sehvermögen orientiert sich visuell, was andere Kinder in seiner Umgebung gerade machen, geht auf sie zu und beginnt dann vielleicht ein Spiel in ähnlicher Weise („Parallelspiel") oder macht auf sich aufmerksam, indem es das Spiel der anderen Kinder kommentiert. Es bietet den anderen Kindern ein Spielzeug an, das zum Spielablauf passt, oder äußert selbstbewusst den Satz „Ich kann das auch". Diese „diplomatischen" Strategien sind relativ erfolgreich beim Versuch, von den anderen Kindern in ein Spiel einbezogen zu werden. Verhaltensweisen, die den Spielverlauf der anderen Kinder stören, führen dagegen meist nicht zur Akzeptanz, sondern zur Ablehnung als Spielpartner. Kinder, die sich lediglich auf eine Beobachtung des Spiels der anderen

Kinder beschränken, bleiben oft am Rande und werden als mögliche Spielpartner von den anderen Kindern ignoriert.

Blinde Kinder sind in der schwierigen Situation, dass sie zunächst herausfinden müssen, welche Kinder gerade an einem Spiel beteiligt sind, womit sie sich beschäftigen und was sie spielen. Wenn sie das Spielmaterial taktil erkunden wollen, mit dem sich die anderen Kinder beschäftigen, erleben diese das wahrscheinlich als Störung ihres Spiels. Um ihr Interesse an einer Beteiligung deutlich zu machen, müssen sie um die Spielabläufe und Regeln wissen, nach denen sich das Spiel der anderen Kinder richtet. Dies stellt insbesondere bei Rollenspielen ein Problem dar, wenn sich ein blindes Kind die „Spielidee", der das Rollenspiel folgt, nicht hinreichend differenziert vorstellen kann (Crocker & Orr, 1996; Ely, 2014).

Viele blinde Kinder spielen deshalb lieber allein als mit anderen Kindern, ahmen sie zunächst nicht nach und sind nicht gewohnt, mit ihnen Spielsachen zu teilen oder Spielideen auszutauschen (Kekelis, 1992; Celeste & Grum, 2010). Sie reagieren weniger auf Interessen oder Kontaktangebote der anderen Kinder und irritieren diese mit ungewohnten Verhaltensweisen (z.B. Körperschaukeln oder Echolalie). Sie werden von den anderen Kindern deshalb auch nicht als „gute Spielpartner" anerkannt und finden in der Gruppe in der Regel weniger Freunde als sehende Kinder.

Preisler (1993) beobachtete das Spielverhalten von neun blinden Kindern über einen Zeitraum von bis zu vier Jahren im Kindergarten. Die Eingewöhnung erwies sich in diesen Fällen insbesondere dann als schwierig, wenn die pädagogischen Fachkräfte keine Fortbildung für die Arbeit mit Kindern mit Behinderungen hatten. Über den gesamten Zeitraum blieb die soziale Teilhabe am gemeinsamen Spiel niedrig, weil sich das Spielniveau der blinden Kinder deutlich vom Spielniveau der sehenden Kinder unterschied und ihnen die sozialen Kompetenzen fehlten, um sich an dem rasch wechselnden Spiel zu beteiligen. Sie waren in hohem Maße darauf angewiesen, dass die Erwachsenen die Aktivitäten in für sie geeigneter Weise strukturierten (z.B. indem sie ihnen sprachliche Beiträge zum Morgenkreis erleichterten).

Skellenger et al. (1997) analysierten das Spielverhalten von 24 blinden und sehbehinderten Kindern im Vorschulalter im Kindergarten und bestätigten ebenfalls, dass die Beteiligung am sozialen Spiel gering war und die Kinder sich überwiegend allein beschäftigten. Sie beobachteten Kinder zwischen zwei und fünf Jahre im Kindergarten. 14 Kinder der Stichprobe waren blind. Bei ihnen betrug der Anteil an Interaktionen mit anderen Kindern maximal 6% der gesamten Beobachtungszeit. Ihr Spielverhalten war von Bewegungsspielen, einfachen Manipulationen von Objekten und perseverierenden Handlungen bestimmt, die zusammen mehr als 55% der Beobachtungszeit ausmachten. Symbolisches Spielverhalten war fast nie zu beobachten. In 15-30% der Beobachtungszeit waren die Kinder unbeschäftigt.

Die niedrige Häufigkeit von sozialen Kontakten ist offenbar nicht vom sozialen Kontext abhängig. Erwin (1993) beobachtete je 15 Kinder mit Blindheit oder Sehbehinderung in Sonderkindergärten und integrativen Gruppen. In beiden Umgebungen waren die Kinder überwiegend (zu etwa 55% der beobachteten Zeit) allein beschäftigt oder unbeschäftigt. Kinder mit zusätzlichen Behinderungen waren besonders selten aktiv.

Diese Ergebnisse unterstreichen, dass die Förderung von sozialen Kompetenzen zur Beteiligung am Geschehen in der Gruppe zu den wichtigsten Aufgaben der pädagogischen Fachkräfte gehört, wenn ein blindes Kind in eine Kindertagesstätte aufgenommen wird.

Es braucht vielfältige Gelegenheiten, um soziales Verhalten einzuüben, und eine konsistente Anleitung, welches Verhalten in bestimmten sozialen Zusammenhängen angemessen ist. Im Verlauf der Kindergartenzeit muss es lernen:

- auf seine Körpersprache zu achten (z.B. sich einer anderen Person zuzuwenden, aufrecht zu stehen, eine angemessene Distanz zu einem Interaktionspartner zu wahren, Nicken, Kopfschütteln und andere Gesten einzusetzen)
- andere Kinder und Erwachsene zu begrüßen, mit ihnen Kontakt aufzunehmen, eigene Wünsche und Bedürfnisse auszudrücken, sich an Höflichkeitsformeln zu halten (um etwas bitten, sich bedanken),

- ein Gespräch einzuleiten, anderen Kindern oder Erwachsenen etwas zu erzählen, ihnen zuzuhören, beim Thema zu bleiben, einen Sprecher ausreden zu lassen, nach Hilfe zu fragen und ein Gespräch angemessen zu beenden,
- mit anderen Kindern zu kooperieren, indem es auf seine eigenen Sachen achtet, anderen Kindern nichts wegnimmt oder zerstört, sich an Gruppenaktivitäten beteiligt, abwartet, bis es an der Reihe ist, und (Spiel-) Materialien mit anderen teilt,
- Emotionen bei anderen Kindern und Erwachsenen wahrzunehmen und empathisch zu reagieren sowie Lösungen für Konflikte zu finden.

4.11 „Emergent Literacy" – Vorbereitung auf den Schriftspracherwerb

„Emergent Literacy" bezeichnet die Phase vor Beginn des in der Schule stattfindenden systematischen Lese- und Schreiblehrgangs, denn bereits lange vor Schuleintritt erwerben Kinder wesentliche Vorläuferfähigkeiten für den Schriftspracherwerb. „Emergent Literacy"- Konzepte versuchen, diese Grundlagen im Rahmen sinnvoller, motivierender und spielerischer Handlungen gezielt aufzubauen (Holbrook et al. 2017).

Kinder mit unbeeinträchtigtem Sehvermögen kommen vom frühen Kindesalter an regelmäßig in Kontakt mit Schriftsprache. Sie sehen Reklameschilder, Namen von Restaurants, Markenbezeichnungen beim Einkaufen, Kataloge, Schrift auf einem PC oder im Fernsehen und Verkehrsschilder. Sie lernen Bilderbücher mit Schriftzeichen kennen, wenn die Eltern oder pädagogische Fachkräfte in der Kindertagesstätte ihnen vorlesen. Außerdem beobachten sie ständig ältere Kinder und Erwachsene, die lesen und schreiben. Da die taktile Brailleschrift im Unterschied zur Schwarzschrift in der Umwelt kaum präsent ist, können blinde Kinder diese literalen Erfahrungen in natürlichen Alltagssituationen nicht sammeln. Selbst beim Vorhandensein von Brailleschrift (z.B. in Fahrstühlen), kann diese nur durch den unmittelbaren Hautkontakt wahrgenommen werden und wird somit in der Regel nicht eigenständig entdeckt. Erste Schreiberfahrungen durch Kritzeltätigkeiten sind nur bei Vorhandensein einer Brailleschreibmaschine möglich und Braillelese- und -

schreibvorbilder sind in der Regel nicht vorhanden. Unterschiede zum Entwicklungsstand sehender Kinder und individuelle Unterschiede innerhalb der Gruppe der Kinder mit Blindheit oder Sehbehinderung, die sich bei Eintritt in die Schule abzeichnen, lassen sich durch diese Unterschiede in den Vorerfahrungen mit Schriftsprache und in der Förderung von Vorläuferfähigkeiten erklären (Erickson & Hatton, 2007; Chen & Dote-Kwan, 2018). Emergent Literacy spielt somit gerade für blinde Kinder eine zentrale Rolle, da wesentliche Grundlagen des Schriftspracherwerbs im Rahmen der Frühförderung pädagogisch gezielt initiiert werden müssen. Manche Lese- und Schreibvoraussetzungen sind mit denjenigen sehender Kinder identisch, andere wiederum sind spezifisch auf das Lesen und Schreiben der Brailleschrift bezogen (Lang 2011; Wright & Stratton 2007; Holbrook et al. 2017).

Für alle Kinder bedeutsam sind ein früher Kontakt mit Schriftsprache („early literacy"), die Ausbildung sprachlicher Fähigkeiten und der sogenannten phonologischen Bewusstheit, womit das Heraushören und Identifizieren von Lauten gemeint ist. Für das Erlernen der phonologischen Bewusstheit bieten beispielsweise lautspielerische Lieder und Reime kindgerechte Erfahrungsmöglichkeiten. Fingerspiele, das Erzählen von Geschichten, Rätsel, früher Kontakt zu Büchern und das dialogische Lesen haben für blinde Kinder die gleiche Bedeutung als Vorbereitung auf den Schriftspracherwerb wie für sehende Kindern.

Um direkte Schrifterfahrungen zu ermöglichen und Interesse an Schrift zu wecken bedarf es bei blinden Kindern spezifischer Anregungen. Brailleschrift sollte so früh wie möglich zugänglich sein. Es gehört zu den Aufgaben der Fachkräfte der Frühförderung, die Eltern zu informieren, wo sie Bücher mit Brailleschrift erwerben können und wie sie diese in Vorlesesituationen einsetzen können. Gute Tastbilderbücher sind parallel in Brailleschrift und in Schwarzschrift beschriftet, so dass das Kind während der Vorlesesituation jederzeit die Schrift ertasten kann und Eltern direkt auf besonders lustige oder lange Wörter aufmerksam machen können (Lang 2014). Für kleine Kinder geeignete Tastbilder regen durch Texturvielfalt zum Tasten an und sind an der Textur leicht zu erkennen. Das Erkennungsmerkmal beispielsweise einer Bilderbuchkatze ist für ein blindes Kind zunächst nicht die „Form" oder der taktile Umriss einer Katze, sondern das fühlbare Fell.

Kleine Geschichten in selbst hergestellten Bilderbüchern können die Entwicklung eines Schriftkonzepts und das Erkennen taktiler Abbildungen sehr gut unterstützen. Die Geschichten sollten möglichst einen direkten Bezug zur alltäglichen Umwelt des Kindes haben. Dazu kann es sinnvoll sein, Alltagssituationen oder Ausflüge aufzugreifen, an denen das Kind beteiligt war (z.B. das Zusammenkehren von Laub im Garten, ein Spaziergang im Wald). Einzelne Objekte, die das Kind dabei kennengelernt hat (z.B. die Blätter und das Gras; Kastanien und Rindenstücke), können gemeinsam ausgewählt, auf Papier geklebt und mit Brailleschrift beschriftet werden. Auf diese Weise entsteht ein Bilderbuch, das Eltern und Kind gemeinsam lesen und anschauen können, um das Erlebte nachzuerzählen. Durch die Beschriftung in Brailleschrift lernt das Kind die Zuordnung von Objekt und Schrift kennen. Solche selbst hergestellten Bilderbücher werden von vielen Kindern mit großer Begeisterung wieder und wieder hervorgeholt.

Es geht in dieser Phase zunächst darum, dass das Kind entdeckt, wozu das Lesen überhaupt dient, und es Freude daran entwickelt. Beim gemeinsamen Lesen hat der Erwachsene die Möglichkeit, den Kontext der Szene zu beschreiben, wichtige Details hervorzuheben und Handlungen, die im Text vorkommen, zu verdeutlichen. Das Kind sollte beim dialogischen Lesen nicht nur passiv zuhören, sondern zu einer aktiven Beteiligung motiviert werden. Dies kann durch begleitende Fingerspiele, durch Nachfragen („Was macht ... gerade?" „Und was ist da gerade passiert?" ...), durch gezielte Hinweise auf die Brailleschrift („Schau mal, hier steht ‚Tannenzapfen' – was für ein langes Wort!") geschehen oder dadurch, dass kleine Szenen aus der Geschichte nachgespielt werden.

Damit blinde Kinder mit der Bedeutung von Schrift vertraut werden, sollten möglichst viele Gegenstände in der Umgebung zu Hause und in der Kindertagesstätte mit Bezeichnungen in Brailleschrift versehen werden. So kann z.B. das Wasserglas des Kindes zum Zähneputzen oder sein Haken an der Garderobe mit seinem Namen in Punktschrift versehen werden und mit einem taktilen Symbol, wenn das Kind sich zunächst daran orientieren lernen soll.

Die Brailleschrift besteht im System der deutschen Vollschrift aus der Kombination von 6 Punkten (2 Spalten à 3 Punkte). Je nach Punktkonfigurationen werden die einzelnen Buchstaben des Alphabets gebildet, wobei für häufige Buchstabenkombinationen (ch, sch, st, ei, ie, au, äu, eu) eigene Zeichen existieren. Großbuchstaben und Ziffern werden durch ein vorangestelltes Ankündigungszeichen dargestellt (Regelwerk der Brailleschrift s. Brailleschriftkommission der deutschsprachigen Länder, 2018). Neben diesem System der Vollschrift wird als Erstschrift insbesondere in inklusiven Lernkontexten eine 8-Punkt-Schrift („Eurobraille") gewählt. Die Kleinbuchstaben entsprechen in diesem System bis auf wenige Ausnahmen denjenigen der Vollschrift. Aufgrund der erhöhten Kombinationsmöglichkeiten mit 8 Punkten, können Ziffern und Großbuchstaben mit einem Zeichen (ohne Ankündigungszeichen) gebildet werden, so dass eine 1:1-Entsprechung der Zeichen zur Schwarzschrift hergestellt werden kann. Gerade für den frühen Computereinsatz ist dies ein großer Vorteil, da alle digitalen Texte unmittelbar und gleichzeitig in Schwarzschrift und in Brailleschrift verfügbar sind.

Der Einbezug gezielter Brailleschriftkontakte in die Frühförderung ist allerdings nicht selbstverständlich. Nach den Ergebnissen einer Befragung von 192 Pädagoginnen und Pädagogen in den USA, die Kinder mit Sehschädigungen im Alter bis fünf Jahre betreuen, machten nur 36% von ihnen den Kindern in dieser Altersgruppe und ihren Eltern erste Erfahrungen mit Brailleschrift zugänglich. 40% ermunterten die Eltern, sich täglich mindestens eine halbe Stunde Zeit zu nehmen zum dialogischen Lesen, etwa ebenso viele berücksichtigten in der Förderung explizit Bücher, um die Kinder mit Schrift vertraut zu machen. 30% wiesen die Eltern auf andere Möglichkeiten hin, das Kind im Alltag an Schriftsprache heranzuführen (Zeitschriften, Mails, Verkehrszeichen etc.). Gezielte Maßnahmen zur Förderung der phonologischen Bewusstheit wurden nur selten in die Förderprogramme integriert (Murphy et al., 2008).

In einer auf blinde Kinder angepassten Vorbereitung auf den Schriftspracherwerb sollten sämtliche Bereiche von Emergent Literacy berücksichtigt werden, insbesondere die Förderung von Motivation und Konzentration, Übungen zur Steigerung der haptischen Wahrnehmungsfähigkeiten bis hin zur Fähigkeit, Braillezeichen voneinander zu unterscheiden, Hinführung zu günstigen Lesebewegungen (beidhändiges Ertasten mit den Fingerkuppen), Schrift- und Bucherfahrung durch Vorlesesituationen etc. Ein bei Frühfördereinrichtungen und Förderzentren mit Förderschwerpunkt Sehen weit verbreitetes Übungskonzept stellt das evaluierte Materialpaket „Auf der Taststraße zur Punktschrift" dar (Lang, 2003; Lang, 2013). Darin enthalten sind konkrete Spielmaterialien und aufwändige Tastbilderbücher (mit Muster- und Brailleplättchen), um die skizzierten Kompetenzen gezielt, aber dennoch spielerisch und handlungsorientiert anzubahnen.

Da insbesondere geburtsblinde Kinder die Braillebuchstaben zunächst als Textur und nicht als räumliche Figur wahrnehmen (Millar 1997; Lang, 2003; 2011), ist es äußerst wichtig, Brailleschrift zunächst nicht vergrößert mittels Steckbretter, Eierschachteln oder als Muster aus Nägelköpfen darzustellen, sondern ausschließlich in Originalgröße anzubieten. Jede Vergrößerung zerstört die texturalen Merkmale des Braillezeichens, da deren charakteristische Punktdichte verändert wird. Es ist haptisch etwas völlig anderes, ein Muster aus großen Nägelköpfen bzw. Plastiksteckern abzutasten oder ein originalgroßes Braillezeichen. Visuell kann aufgrund der figuralen Merkmale die Ähnlichkeit eines vergrößertes Zeichens mit einem kleineren leicht festgestellt werden – aber tastend eben nicht. Hierfür ist eine genaue Analyse notwendig, wie die einzelnen Braillepunkte innerhalb eines Zeichens zueinander positioniert sind. Visuell geschieht dies fast automatisch. Die haptische räumliche Analyse des kleinen Braillezeichens gelingt jedoch erst dann, wenn sich die Tastbewegungen stabilisiert haben und gemeinsam mit der Körperausrichtung zum Leseblatt als „Ankerpunkt" dienen können.

Blinde Kleinkinder ertasten die Brailleschrift anfänglich noch nicht systematisch und bei konstanter Fingerposition von links nach rechts, sondern in unsystematischen, zirkulären Bewegungen, die keine stabile räumliche Analyse zulassen. Vergrößerte Braillezeichen können somit erst dann eingesetzt werden, wenn sich die Lesebewegungen etabliert haben. Dies ist in der Regel dann der Fall, wenn mit den Fingerkuppen systematische Folgebewegungen taktiler Spuren sicher gelingen und erste Buchstaben mit großen texturalen Unterschieden erkannt werden können (z.B. a, l, i). Meist erfolgt die Braillezellenanalyse im Laufe des ersten Schulhalbjahres.

Bei Tastübungen zum Verfolgen von taktilen Linien und Spuren sollte das Kind ermutigt werden, beidhändig zu tasten und möglichst viele Finger (mindestens beide Zeige- und Mittelfinger) auf der Linie zu platzieren. Das Kind kann dadurch mit der Zeit selbst erkennen, mit welcher Hand und mit welchem Finger das Tasten am besten gelingt. Für das spätere taktile Lesen wird überwiegend ein „Hauptlesefinger" (meist einer der beiden Zeigefinger) die Zeichenerkennung übernehmen. Die übrigen Finger nehmen jedoch wichtige Kontextinformationen wahr wie ein nahes Zeilenende oder die Länge eines Wortes. Übungen zum beidhändigen Tasten sind auch deshalb zwingend notwendig, da später für einen fließenden Zeilenwechsel auch die nichtdominante Lesehand zumindest kurzzeitig Leseaufgaben übernehmen muss. Die Lesegeschwindigkeit der Brailleschrift ist im Vergleich zum unbeeinträchtigten visuellen Lesen etwa zwei- bis dreimal langsamer (Lang, 2011; Hofer et al., 2019). Mittels beidhändigem Lesen werden die vergleichsweise schnellsten Lesegeschwindigkeiten erreicht.

Auch der Erwerb des Schreibens beruht auf Vorläuferfähigkeiten. Kinder mit unbeeinträchtigtem Sehvermögen beginnen, mit dem Stift zu kritzeln und zu malen, um die Erwachsenen nachzuahmen, die sie beim Schreiben beobachten. Damit schulen sie ihre Fingerfertigkeit, die sie später beim Gebrauch des Stifts zum Schreiben benötigen.

So wie sich sehende Kinder am Modell des Erwachsenen orientieren, der sich Notizen macht oder einen Brief schreibt, braucht auch ein blindes Kind ein Vorbild. Es ist deshalb sinnvoll – wenn auch zunächst ungewohnt -, dass die Eltern und pädagogischen Fachkräfte gelegentlich „laut schreiben". Wenn sie sich einen

Einkaufszettel machen, können sie z.B. jedes Wort, das sie schreiben, laut vorlesen oder sogar buchstabieren. Auf diese Weise lernt das blinde Kind verstehen, welchen Nutzen das Schreiben hat. Daneben sollte die Frühförderkraft dafür sorgen, dass eine Brailleschreibmaschine über die Kostenträger angeschafft oder über ein blinden- und sehbehindertenspezifisches Förderzentrum ausgeliehen werden kann. Nur mit Hilfe einer Brailleschreibmaschine ist das blinde Kind in der Lage, selbst „Kritzelerfahrungen" sammeln zu können. Es kann damit – wie sehende Kinder mit Stift und Papier – eigene Einkaufszettel oder Briefe und Geschichten „schreiben" und anschließend „vorlesen".

Das systematische Erlernen der Punktschrift findet in der Schule statt und erfordert spezielle Übungen an der Brailleschreibmaschine oder an entsprechenden elektronischen Schreibgeräten. Dieser Lernprozess wird im Konzept „Emergent Literacy" im Kindergartenalter durch regelmäßige Übungen zur Förderung der taktilen Wahrnehmung und Feinmotorik sowie zur Identifikation von Merkmalen der Punktschrift vorbereitet.

Die Bedienung einer Schreibmaschine erfordert neben Hand- und Fingerkraft einen koordinierten Einsatz der Hände und Finger. Dies kann z.B. vorbereitet werden, indem die Kinder mit Rasierschaum o.ä. auf einer Tischfläche „zeichnen", mit Knetmasse etwas gestalten, mit Schraubverschlüssen hantieren, Öffnungen in einer Formbox ertasten, um entsprechende Formen dort hineinzuwerfen, Formen zu sortieren oder mit den Fingern „Wege" auf entsprechend gestalteten Spielflächen erkunden. Auch das Knüllen von Papier sowie Spiele, bei denen Gegenstände stark gedrückt werden müssen, damit beispielsweise ein Geräusch entsteht, oder das Bauen mit Stecksystemen (z.B. „Duplo-Steine") sind geeignet, um die Finger- und Handmuskulatur zu kräftigen.

4.12 Vorbereitung auf den Schuleintritt

In den vorangegangenen Teilkapiteln wurden bereits vielfältige Förderbereiche und konkrete Maßnahmen aufgeführt, die blinde Kinder auf den Schuleintritt und auf das systematische Lernen in der Schule vorbereiten. Die motorische und sprachliche Entwicklung, die effektive Informationsaufnahme durch die verfügbaren Wahrnehmungsmodalitäten, der Aufbau von Grundkompetenzen in den Bereichen Orientierung und Mobilität sowie bei lebenspraktischen Fähigkeiten und auch die sozial-emotionale Entwicklung bilden wichtige Grundlagen für den Schuleintritt. Schulisches Lernen, insbesondere im Sachunterricht, knüpft unmittelbar an die in der Frühförderung geleistete Begriffsbildung an und die Phase „Emergent Literacy" geht nahtlos über in schulische Konzepte des Schriftspracherwerbs. An dieser Stelle soll nunmehr auf zwei weitere Aspekte fokussiert werden, die in der Frühförderarbeit zusätzlich beachtet werden sollten: die Anbahnung der Grundlagen mathematischen Lernens und die Sicherstellung der für den Schuleintritt notwendigen Hilfsmittelausstattung.

Mathematische Grunderfahrungen

Ähnlich der Vorbereitung auf den Schriftspracherwerb, sollte auch der Bereich mathematischer Vorläuferfähigkeiten gesondert betrachtet und gezielt berücksichtigt werden. Kinder machen bereits früh Erfahrungen mit Zahlen, Mengen, Größen oder Formen: sehende Kinder können eigenständig vielfältige geometrische Flächen und Körper entdecken, Mengen miteinander vergleichen, Muster und Regelhaftigkeiten erkennen oder im Alltagsgeschehen die Gestalt und Bedeutung von Ziffern erfahren. Für blinde Kinder müssen solche mathematischen Grunderfahrungen in der Regel gezielt angebahnt und initiiert werden, da sie sich nicht beiläufig ergeben.

Für die Frühförderung bedeutet dies, dass vielfältige Gelegenheiten zum Sortieren und Klassifizieren (z.B. Besteck, Spielzeug, Alltagsgegenstände, Früchte) sowie zum Reihen- und Musterlegen eingeplant werden müssen und Eltern ermutigt werden, solche Situationen in ihren Alltag zu integrieren.

Das Sortieren sollte zunächst von Grobkategorien ausgehen (z.B. Spielzeug: Figuren und Fahrzeuge), die anschließend weiter nach Funktion und Form (z.B. Fahrzeuge: Lastwagen, Rennautos etc.) oder nach Größe unterschieden werden können. Wichtig ist, dass die Kinder die jeweiligen Eigenschaften beschreiben und hierdurch ihre Sortierregel erkennen. Die Fläche, auf der die Objekte präsentiert werden, sollte abgegrenzt sein (z.B. ein Tablett mit flachem Rand), damit keine Gegenstände abhanden kommen und das Kind den Überblick behält. Um eindeutige Gruppierungen vornehmen zu können, müssen genügend Materialschälchen zum Einsortieren bereit stehen.

Werden Eigenschaften erkannt, lassen sich Reihen bilden, die ein regelhaftes Muster ergeben. Konkrete Gegenstände können zu Reihen und Mustern ausgelegt werden, aber auch Handlungen oder Klangereignisse (Klatschen, Trommeln, Stampfen etc.) eignen sich für Reihenbildungen. Im Kindergartenalter können abstrakte Muster aus Plättchen mit Grundformen (Kreis, Dreieck, Quadrat, Rechteck) entstehen. Werden mit blinden Kindern Reihen aus Gegenständen gebildet, muss darauf geachtet werden, dass die Muster taststabil ausgelegt werden (z.B. auf einer rutschfesten Unterlage, in einer Reihe von Sortierschälchen oder fixiert mittels Klettband oder Magnet).

Hinsichtlich des Aufbaus arithmetischer Grundkonzepte stehen Zahl- und Zählerfahrungen im Mittelpunkt, wobei grundlegende Einsichten wie die Eins-zu-eins-Zuordnung von Zahlwort und Zählobjekt, die Mengenkonstanz oder die simultane Mengenerfassung bedeutend sind.

Im Alltag blinder Kinder sollten vielfältige Zählanlasse gesucht und genutzt werden z.B. beim Treppensteigen oder beim gemeinsamen Tischdecken. Bei der „Körpermathematik“ werden Mengen am eigenen Körper entdeckt und gezählt (z.B. zwei Hände, eine Nase, zehn Finger) oder über konkrete Handlungen erfahrbar gemacht (bestimmte Anzahlen hüpfen, klatschen etc.).

Um die Mächtigkeit von Mengen zugänglich und vergleichbar zu machen, können beispielsweise stark unterschiedliche Anzahlen von Murmeln oder Bonbons in kleinen Tastsäckchen angeboten werden.

Geometrische Formen, wiegen und messen – der Alltag bietet viele Gelegenheiten für mathematische Grunderfahrungen.

Geometrisches Lernen basiert auf einem sicheren Raumkonzept. Begriffe wie oben/unten, vorne/hinten oder rechts/links werden zunächst am eigenen Körper eingeführt. Geeignet sind hierfür Bewegungs- und Spiellieder, bei denen die Raumbegriffe gleich in Handlungen übertragen werden. Geometrische Flächen und Formen können spielerisch im Alltag gesucht werden („Wer findet in der Küche möglichst viele Rechtecke, Kreise, Quader etc.?"). Die gefundenen Formen lassen sich anschließend sortieren oder mit Knetmasse nachbilden. Übungen, die schon nahe an schulisches Lernen heranführen, sind beispielsweise Spiele mit Formenplättchen, bei denen formgleiche Paare gebildet werden müssen. Auch der Einstieg in den mathematischen Bereich „Messen und Wiegen" kann alltagsnah erfolgen: Das Messen von Entfernungen und Längen kann – bei zu erwartender Ungenauigkeit – auch mit blinden Kindern zunächst über körpereigene Maßeinheiten erfolgen (z.B. Schritte zählen und vergleichen). In Einkaufssituationen lässt sich das Gewicht von Obst und Gemüse oder Mehl- und Nudelpackungen thematisieren und nach dem Einkauf kann das Kind die Waren dem Gewicht nach sortieren.

Hilfsmittelausstattung für den Schuleintritt

Bereits im Unterkapitel zu „Emergent Literacy" wurde darauf hingewiesen, dass in der Frühförderung eine Brailleschreibmaschine verfügbar bzw. vorhanden sein sollte. Wird für ein blindes Kind der Übergang in die Schule geplant, müssen frühzeitig Gespräche und Anträge bei Kostenträgern in die Wege geleitet werden, damit zum Schulbeginn alle notwendigen Maßnahmen getroffen und sämtliche Hilfsmittel vorhanden sind.

Insgesamt muss für einen gut organisierten Übertritt in die Schule mit einem Vorlauf von etwa 1,5 Jahren gerechnet werden (blind-sehbehindert 2008).

Die Eltern müssen demnach frühzeitig von der Frühförderkraft entsprechend informiert und begleitet werden. Darüber hinaus sollte der Betreuungswechsel von der Frühförderung in den Schulbereich (Sonderpädagogischer Dienst oder Schule im Förderschwerpunkt Sehen) gut vorbereitet werden und organisiert erfolgen (rechtzeitiger Informationsaustausch).

Grundsätzlich steht den Eltern als Wahlmöglichkeit die Beschulung in einem Förderzentrum mit Schwerpunkt Sehen oder die inklusive Beschulung in einer allgemeinen Schule offen. Als einziges Bundesland hält Schleswig-Holstein kein Förderzentrum Sehen mit eigenem Schulbetrieb vor, sondern beschult blinde und sehbehinderte Kinder ausschließlich inklusiv (besteht ein zusätzlicher Förderbedarf, kommen dort gegebenenfalls auch Förderzentren anderer Förderschwerpunkte als Schulort in Frage, die dann blinden- und sehbehindertenspezifisch beraten und unterstützt werden). Gespräche und Vororttermine mit möglichen aufnehmenden Schulen sind Voraussetzung dafür, dass sich die Eltern ein umfassendes Bild machen und Vor- und Nachteile der jeweiligen Schulform abwägen können.

Zur Hilfsmittelausstattung eines blinden Kindes zählen insbesondere folgende Komponenten:

- Laptop (mit MS-Standard-Betriebssystem und MS-Officepaket)
- Braillezeile (Lesezeile mit 40 Modulen zur Darstellung der Brailleschrift)
- Screenreader (Software zur Übertragung der Bildschirminhalte auf die Braillezeile mit Sprachausgabe)
- Scanner mit Textkennungssoftware
- Punktschriftdrucker (oder elektronische Braille-Schreibmaschine mit Drucker-Funktion)
- Schwarzschriftdrucker

Bei inklusiver Beschulung ist zu überlegen, welche Komponenten zuhause und in der Schule vorhanden sein müssen. Anträge bei den Kostenträgern auf Kostenübernahme sollten mindestens ein Jahr vor der Einschulung gestellt werden. Wird eine individuelle Schulassistenzkraft benötigt, muss auch dieser Bedarf etwa ein Jahr im voraus beantragt werden.

5 Spezifische Aufgabenfelder

5.1 Entwicklungsdiagnostik und Entwicklungsprognose

Standardisierte Entwicklungstests

Da sich das Fehlen des Sehvermögens auf alle Entwicklungsbereiche auswirkt, sollte die Diagnostik von blinden Kindern immer interdisziplinär angelegt sein. Neben einer ophtalmologischen und optometrischen Untersuchung sollte die Entwicklungseinschätzung durch eine sonderpädagogische Fachkraft, die über das nötige Expertenwissen zur Arbeit mit sehbehinderten und blinden Kindern (einschließlich des Förderbereichs „Orientierung und Mobilität“) verfügt, und eine Psychologin oder einen Psychologen obligatorisch sein, die gemeinsam die Planung der Förderung und die Beratung der Familien übernehmen. Da bei vielen blinden Kindern zusätzliche Behinderungen vorliegen, kann es sinnvoll sein, eine Physio-, Ergo- und Sprachtherapeutin in den diagnostischen Prozess einzubeziehen.

Um den Entwicklungsstand eines blinden Kindes adäquat einschätzen zu können, muss die Untersucherin bzw. der Untersucher mit der Entwicklung sehender Kinder gut vertraut sein. Diese Kenntnis hilft zum Verständnis der Besonderheiten der Entwicklung unter der Bedingung der Blindheit und zur Auswahl von geeigneten Aufgaben bei der Entwicklungsdiagnostik.

Eine standardisierte Entwicklungsdiagnostik mittels eines traditionellen Entwicklungstests und ein Vergleich der Ergebnisse mit den Referenznormen, die bei sehenden Kindern unter standardisierten Bedingungen erhoben wurden, sind bei blinden Kindern nicht möglich und sinnvoll.

Dabei spielen mehrere Aspekte eine Rolle:

- Diese Entwicklungstests enthalten viele Aufgaben, die ein unbeeinträchtigtes Sehvermögen voraussetzen (z.B. die Benennung von Farben oder von Abbildungen auf Bildkarten).
- Ein Teil der Aufgaben kann zwar adaptiert werden. So können z.B. einige der standardisierten Testmaterialien durch größere Objekte ersetzt werden,

die für das blinde Kind leichter zu handhaben sind, und Zeitgrenzen für die Bearbeitung von Aufgaben modifiziert werden, damit das Kind länger die Möglichkeit hat, das Material zu explorieren.

- Testaufgaben, die visuelle Orientierung erfordern, können jedoch nicht einfach in taktile Aufgabenformate umgewandelt werden, weil sich die kognitiven Anforderungen deutlich unterscheiden, die an die Kinder bei der Bearbeitung gestellt werden. Wenn ein blindes Kind z.B. den Schuh seiner Mutter durch tastende Bewegungen unter mehreren Objekten identifizieren soll, steht es vor ganz anderen Herausforderungen, als wenn ein sehendes Kind ein Bild von einem Schuh erkennen und unter mehreren Alternativen zeigen soll. D.h. die Testaufgaben sind nicht mehr valide als Indikatoren der Fähigkeiten, für die sie ursprünglich entwickelt wurden.

Im Bemühen um ein standardisiertes Testverfahren, das den speziellen Entwicklungsbedingungen blinder Kinder gerecht wird, sind im englischen Sprachraum die Reynell-Zinkin-Scales für sehbehinderte und blinde Kinder entwickelt worden (Reynell, 1978, 1979). Sie umfassen sechs Subskalen: soziale Anpassung, sensomotorisches Verständnis, Exploration der Umgebung, Reaktion auf Geräusche und Sprachverständnis; Vokalisation und Struktur der Sprachäußerungen; Wortschatz und Inhalt der Sprachäußerungen. Die Autorin hat damit den Versuch gemacht, Aufgaben für die wichtigsten Teilbereiche der Entwicklung blinder und sehbehinderter Kinder zusammenzustellen und Referenzwerte zur Einschätzung eines Entwicklungsalters zu liefern.

Bei ihrem Einsatz ergeben sich jedoch mehrere Schwierigkeiten. Die Instruktionen für die Durchführung und Auswertung sind nicht immer eindeutig und einige Skalen umfassen sehr heterogene Inhalte. So werden soziale Fähigkeiten, z.B. die Reaktion auf fremde Personen,und lebenspraktische Fertigkeiten, z.B. das Trinken aus der Tasse, in die gleiche Skala unter dem Titel „soziale Anpassung" eingeordnet. Wichtige Aspekte der motorischen und sozialen Entwicklung blinder Kinder werden nicht berücksichtigt, es fehlt an Daten zur Reliabilität und Validität der Skalen und die Referenzwerte aus den 70er Jahren sind veraltet.

Die Reynell-Zinkin-Scales werden dennoch bis heute in Forschungsarbeiten zur Beurteilung von Entwicklungsverläufen verwendet. Als solche sind sie geeignet, wenn es dabei um die Dokumentation eines Kompetenzzuwachses geht, der sich in einer wachsenden Zahl von Testitems widerspiegelt, die ein Kind bewältigen kann. Sie sollten jedoch in der pädagogischen Praxis nicht zur Berechnung des Entwicklungsalters eines blinden Kindes bei der individuellen Diagnostik verwendet werden.

Entwicklungsinventare

Eine Alternative stellen Entwicklungsinventare dar, die eigens für diese Zielgruppe konzipiert wurden und Richtwerte enthalten, die aus der Beobachtung der Entwicklung von blinden Kindern gewonnen wurden. Sie erlauben keinen quantitativen Vergleich mit der Entwicklung sehender Kinder gleichen Alters, werden aber den Besonderheiten des Entwicklungsverlaufs blinder Kinder eher gerecht.

Ihr Ziel ist es, bei einem blinden Kind eine Einschätzung vorzunehmen, ob es sich mit seinen Entwicklungsfortschritten im Rahmen dessen bewegt, was bei blinden Kindern erwartet werden kann. Wenn dies nicht der Fall ist, bedeutet das einen prognostischen Hinweis darauf, dass es sich um ein Kind mit zusätzlicher (intellektueller) Beeinträchtigung handelt. Eine solche prognostische Aussage ist für die Eltern und anderen Bezugspersonen des Kindes zwar schmerzhaft, aber von Bedeutung, um sich auf den dauerhaften Unterstützungsbedarf einstellen zu können.

Einige Förderprogramme, die in den USA publiziert wurden und sich in erster Linie an Eltern richten, enthalten solche Entwicklungsinventare für die Altersgruppe bis zu sechs Jahren. Die Entwicklungsschritte in den einzelnen Bereichen sind differenziert aufgelistet und mit Altersangaben versehen, wann die entsprechenden Fähigkeiten von blinden Kindern erwartet werden können. Dazu gehören z.B. das „Oregon Project Skills Inventory" (Anderson et al., 2007), und "VIISA: Resources for family centered intervention for infants, toddlers, and preschoolers who are visually impaired" (Chen et al., 1995).

Im deutschen Sprachraum veröffentlichte Brambring (1999) ein solches Entwicklungsinventar zur Einschätzung blinder Kinder, das aus der Bielefelder

Entwicklungsstudie entstanden ist. In dieser Studie wurden zehn Kinder im Rahmen einer fünfjährigen Längsschnittstudie in regelmäßigen Abständen untersucht; am Ende dieses Zeitraums konnte beurteilt werden, ob es sich jeweils um ein normal entwickeltes, entwicklungsverzögertes oder zusätzlich geistig behindertes blindes Kind handelte. Daher werden die Zeitpunkte des Erwerbs einzelner Fertigkeiten in den Beurteilungsbögen getrennt für diese drei Gruppen jeweils als Medianwerte angegeben.

Im Einzelfall ist es dadurch möglich zu prüfen, ob die Zeitpunkte, zu denen ein Kind bestimmte Fertigkeiten erwirbt, eher den Erwartungen an die Entwicklung normal entwickelter, entwicklungsverzögerter oder geistig behinderter blinder Kinder entspricht. Die umfangreichen Kompetenzlisten sind in die Bereiche der Grobmotorik, Orientierung und Mobilität, manuelle Fertigkeiten, lebenspraktische Fertigkeiten, kognitive und sprachliche Entwicklung sowie Aspekte der sozial-emotionalen Entwicklung gegliedert. Die Tab. 1 vermittelt exemplarisch einen Eindruck, wie die Angaben dieses Entwicklungsinventars zu interpretieren sind.

Tab. 1: Altersschätzwerte zur Entwicklung blinder Kinder (Median in Monaten; Beispielitems; Brambring, 1999)

Situationsbeschreibung	**Normale Entwicklung**	**Retardierte Entwicklung**	**Stark retardierte Entwicklung**
Hält Tasse und trinkt selbständig daraus	24	35	42
Sucht einen von zwei Gegenständen (z.B. Keks, Ball) heraus	20	39.5	53.5
Zeigt, dass es auch etwas nicht direkt Wahrnehmbares haben möchte	19	25	30
Ruft oder fordert die Mutter auf	21	43	53.5
Legt kleinere Gegenstände in einen Behälter	19	40	43

Als Alternative zu den Bielefelder Entwicklungsskalen wird in der Frühförderung blinder und mehrfachbehinderter Kinder auch ein Beobachtungsbogen von Nielsen (2002) verwendet, der für die Entwicklungsspanne bis zum Alter von 48 Monaten konzipiert ist. Er ist ähnlich breit angelegt und berücksichtigt z.B. auch auditive, haptisch-taktile und olfaktorisch-gustatorische Wahrnehmungsbereiche in sehr differenzierter Form. Bei der Beurteilung wird nicht nur nach vorhandenen oder noch nicht gelernten Fertigkeiten unterschieden, sondern es können zusätzlich drei Abstufungen vorgenommen werden nach „beginnt zu lernen", „tritt auf bei günstigen Bedingungen" oder „tritt spontan auf".

Die Beobachtungen erlauben die Einschätzung des Entwicklungsstandes in den einzelnen Bereichen jeweils in Bezug auf Entwicklungsstufen, die drei bzw. sechs Monate umfassen. Die dafür benutzten Altersvergleichswerte beziehen sich nach Angaben der Autorin auf Erfahrungen aus internationalen Studien und ihren eigenen langjährigen Praxisbeobachtungen; das Manual enthält jedoch keinerlei differenzierte Angaben zur Herkunft und statistischen Grundlage dieser Werte. Auch bei Verwendung dieses Entwicklungsbogens ist somit von der Bestimmung eines Entwicklungsalters im Vergleich zur Entwicklung sehender Kinder abzusehen. Er kann aber eine Orientierungshilfe zum Entwicklungsprofil eines blinden Kindes liefern.

Beurteilung des Hörvermögens

Die Beobachtung des Verhaltens des Kindes durch die Eltern kann Hinweise auf eine Hörschädigung liefern:

- unsichere oder unregelmäßige Reaktionen auf Geräusche (z.B. Klingeln des Telefons, Hupen, Staubsauger)
- ausbleibende Reaktionen, wenn die Eltern das Kind beim Namen rufen oder ihm etwas vorsingen
- eingeschränkte eigene Vokalisation
- abnorme Merkmale der Stimme, Intonation oder Artikulation
- Bedecken der Ohren mit den Händen
- ausschließliches Atmen durch den Mund

Die Befragung der Eltern sollte im Zweifel durch systematische Beobachtungen durch die Fachkraft ergänzt werden. Geräuschobjekte, z.B. eine Glocke, ein Xylophon oder ein Quietschball, eignen sich für die Beobachtung. Der Untersucher sitzt dabei dem Kind gegenüber und präsentiert das Geräusch in Höhe des kindlichen Ohres links und rechts im Abstand von 80-90 cm an. Er muss darauf achten, selbst für 10 sec nach dem Geräusch unbeweglich zu bleiben, um auszuschließen, dass das Kind evtl. auf seine Positionsveränderung reagiert.

Voraussetzung für eine zuverlässige Einschätzung ist, dass das Kind wach und in einer entspannten Sitzposition ist.

Es sollten mehrere – dem Kind vertraute und fremde - Geräuschobjekte und unterschiedliche Sprachlaute angeboten werden, um die Reaktion auf verschiedene Frequenz zu beobachten, sofern die Aufmerksamkeit des Kindes das zulässt. Veränderungen im Verhalten des Kindes gegenüber dem Moment vor der Geräuschpräsentation deuten darauf hin, dass das Kind das Geräusch wahrgenommen hat. Solche Verhaltensänderungen können bei Kindern mit mehrfachen Behinderungen u.U. schwer zu erkennen sein, z.B. eine Veränderung in der Atmung, leichte Körperbewegungen oder ein Innehalten in Bewegungen.

Im Zweifelsfall ist immer eine audiologische Untersuchung bei der Fachärztin bzw. beim Facharzt angezeigt. Sie erlaubt die Identifizierung einer Hörsehbehinderung sowie eine Aussage über den Schweregrad der Hörbeeinträchtigung und die betroffenen Frequenzen.

Eine angeborene Hörschädigung wird zwar heute in der Regel durch das flächendeckend eingeführte Neugeborenen-Hörscreening erkannt, indem routinemäßig die Otoakustischen Emissionen (OAE) gemessen werden. Bei Auffälligkeiten werden die Eltern zu einer Kontrolluntersuchung innerhalb der ersten Lebenswochen einbestellt, um den Verdacht auf eine Hörschädigung durch weitere Untersuchungen (z.B. eine Hirnstammaudiometrie, BERA) zu klären. Auch wenn im Rahmen des obligatorischen Neugeborenen-Hörscreenings keine Auffälligkeiten festgestellt wurden, sollte bei allen Kindern mit Beeinträchtigungen jedoch eine Prüfung des Hörvermögens in regelmäßigen Zeitabständen (d.h. bei Kleinkindern alle sechs Monate) erfolgen, um erworbene Hörschädigungen auszuschließen, die z.B. durch Mittelohrentzündungen, eine bakterielle Meningitis, Masern, Mumps, Encephalitis oder Medikamente mit schädigenden Auswirkungen auf das Ohr entstehen können.

Beurteilung weiterer Entwicklungsbereiche

Zur Einschätzung der haptischen Wahrnehmungsfähigkeiten blinder Kinder entwickelten Withagen et al. (2009) das „Tactual Profile", das insgesamt 303

Aufgaben für dieAltersgruppe vom ersten Lebensjahr bis zum Alter von 16 Jahren enthält. Sie überprüften die Schwierigkeitsgrade für verschiedene Altersgruppen sowie die Reliabilität und Validität an 50 blinden Kindern (vgl. auch Withagen et al., 2010). Im Alter von vier bis sechs Jahren zeigten diese Kinder z.B. im Durchschnitt folgende Leistungen: Wiedererkennen eines Objekts oder einer geometrischen Form, die in einer Reihe von vier Gegenständen präsentiert wird; in einem Steckbrett eine Reihe entlang der Begrenzung bauen; ein Loch in einer Oberfläche ertasten (z.B. den Ausguss einer Teekanne); Einzelteile einem Ganzen zuordnen (z.B. Schuhbänder zu einem Schuh, eine Schale zu einer Apfelsine); die Materialbeschaffenheit eines Gegenstands benennen (z.B. Holz, Plastik oder Papier). Eine deutsche Normierung dieser Experimentalversion steht noch aus.

Auch dieses Verfahren erlaubt somit – für den Bereich der taktilen Wahrnehmungsfähigkeiten – eine Aussage, ob die Entwicklung eines Kindes dem entspricht, was unter den Bedingungen der Blindheit zu erwarten ist, oder nicht. Die Aufgaben ermöglichen sehr differenzierte Analysen, bei welchen Teilkomponenten dieses Kompetenzbereichs ein Kind zusätzlichen Förderbedarf hat. Da der Bezug des Testmaterials jedoch sehr kostspielig und die Durchführung der Aufgaben sehr zeitaufwendig ist (nach Angaben im Manual ca. 90 Minuten), hat sich das Verfahren in der Praxis bisher nicht durchsetzen können.

Für den Bereich der vorsprachlichen Kommunikation kann die „Communication Matrix" (Rowland, 2004, 2013) eingesetzt werden. Dabei wird unterschieden, wie das Kind nach Informationen sucht (Kommentierung), einen Wunsch oder Ablehnung (Fordern oder Protestieren) ausdrückt oder sich an der sozialen Interaktion beteiligt. Die Tab. 2 gibt einen Überblick über die Entwicklungsstufen.

Tab. 2: Kommunikationsmatrix (Rowland, 2004)

Stufe	**Fähigkeit**	**Beschreibung**
1	Prä-intentional	Reaktive, noch nicht intentional eingesetzte Verhaltensweisen, an denen sich der Aufmerksamkeitszustand des Kindes erkennen lässt (z.B. Körperbewegungen, Laute, Mimik)
2	Intentional	Zielgerichtete, aber noch nicht auf eine andere Person gerichtete Verhaltensweisen (z.B. Arme ausstrecken)
3	Unkonventionell	Partnerbezogene Verhaltensweisen, mit denen das Kind etwas mitteilt (z.B. Körperbewegungen, Vokalisationen)
4	Konventionell	Verhaltensweisen (z.B. Zeigen, Nicken, Kopfschütteln, Winken), an denen die kommunikative Absicht für Bezugspersonen erkennbar sind
5	Konkrete Symbole	Gebrauch von Objekten (z.B. eine leere Tasse), Gesten oder Lautäußerungen, mit denen das Kind etwas mitteilt
6	Abstrakte Symbole	Gebrauch von Sprache, Handzeichen oder anderen Symbolen, mit denen das Kind etwas mitteilt

7	Sprache	Kombinationen von zwei oder drei abstrakten Symbolen unter Beachtung von grammatischen Regeln

Kommunikationsauslösende Situationen, in denen sich die vorsprachlichen Kompetenzen eines Kindes nach diesem Schema beurteilen lassen, können z.B. sein:

- Angebot eines bevorzugten Getränks: Der Erwachsene lässt das Kind etwas trinken, das es mag. Er nimmt dann das Getränk an sich, hält es außer Reichweite, und wartet auf seine Reaktion. Er beobachtet, wie das Kind seinen Wunsch nach dem Getränk deutlich macht.
- Angebot eines anderen Getränks: Er bietet ihm ein Getränk an, von dem er weiß, dass das Kind es nicht mag, und beobachtet, wie es seine Ablehnung deutlich macht.
- Musik: Der Erwachsene unterstützt das Kind dabei, einen CD-Player zu aktivieren, so dass ein Lied abgespielt wird. Er platziert dann den CD-Player außer Reichweite und beobachtet die Reaktion des Kindes, wenn das Lied endet.
- Aufziehspielzeug: Der Erwachsene zieht außer Reichweite des Kindes ein Aufziehspielzeug auf, das interessante Geräusche macht. Er beobachtet dann, was das Kind tut, wenn das Geräusch abgespielt ist.
- Ball: Der Erwachsene lässt einen Ball zwischen sich und dem Kind mehrfach hin- und her rollen. Erhält dann unvermittelt inne und wartet ab, ob das Kind ein Signal gibt, um das Spiel fortzusetzen.

Wenn ein Kind bereits über sprachliche Fähigkeiten verfügt, kann zur Einschätzung des Wortschatzumfangs und zur Beurteilung grundlegender syntaktischer und morphologischer Kompetenzen (Kombination von Wörtern, Formenbildung)der

„Elternfragebogebogen für die Früherkennung von Risikokindern" (ELFRA; Grimm & Doil, 2006) oder der „Fragebogen zur kindlichen Sprachentwicklung" (FRAKIS; Szagun et al., 2009) verwendet werden.

In beiden Fällen handelt es sich um Wortschatzlisten. Die Eltern werden gebeten anzugeben, welche Wörter ihre Kinder bereits benutzen. Die Angaben können dann mit Normwerten für Kinder bis zum Alter von 30 Monaten verglichen werden. Da die Meilensteine der lexikalischen Entwicklung nach den Ergebnissen von Entwicklungsstudien bei blinden Kindern nahezu zu den gleichen Zeitpunkten bewältigt werden wie bei sehenden Kindern, kann eine deutliche Abweichung von den Normwerten als Hinweis auf eine zusätzliche (intellektuelle) Beeinträchtigung des Kindes interpretiert werden.

Mit dem Fragebogen „Sprachbeurteilung durch Eltern. Kurztest für die U7" (SBE-2-KT; Suchodoletz & Sachse, 2009) steht eine weitere Wortschatzliste von 57 Items im Internet frei zugänglich zur Verfügung, die sich ebenfalls zur Früherkennung von Kindern mit verspätetem Sprachbeginn im Alter von zwei Jahren bewährt hat. Er ist zudem in mehreren Sprachen verfügbar, so dass ein verspäteter Sprachbeginn auch bei Kindern erkannt werden kann, die mehrsprachig aufwachsen. Für die Auswertung werden dazu alle Wörter zusammengezählt, die entweder in der deutschen oder der Muttersprache auftreten.

Zur Beurteilung komplexerer grammatischer Kompetenzen ist der Untersucher auf die Analyse der Spontansprache angewiesen, da standardisierte Testverfahren zur Prüfung des Verstehens und der Bildung grammatischer Konstruktionen in der Regel auf Abbildungen zurückgreifen, die das Kind vergleichen und identifizieren soll (z.B. beim SETK-2 oder TROG-D), bzw. Handlungen mit Spielfiguren erfordern, die das Kind gemäß der Aufgabeninstruktion ausführen soll (z.B. beim SET 5-10, HSET). Sie sind für blinde Kinder ungeeignet. Einige Testverfahren enthalten Aufgaben zum Nachsprechen von Sätzen und zum Erkennen von Wortfamilien, mit denen – ohne Bezug auf Abbildungen – das Verständnis für grammatische Regeln oder Konzepte (Oberbegriffe) geprüft werden kann (z.B. beim HASE als Teil des BIKO). Sie können auch bei blinden Kindern zur Einschätzung der Sprachverarbeitung verwendet werden.

Soziale Kompetenzen lassen sich in erster Linie durch direkte Beobachtungen im natürlichen Kontext beurteilen. Die Beobachtung sozialer Beziehungen eines blinden Kindes im Kindergarten gibt Aufschluss über die Häufigkeit und Länge sozialer Kontakte zu anderen Kindern (im Vergleich zu den Kontakten zu den Erwachsenen) und die Einbeziehung in gemeinsame Aktivitäten innerhalb des Gruppenraums und im Außengelände. Es geht darum,

- die Stufe seines Spielverhaltens einzuschätzen,
- die Strategien zu identifizieren, die das Kind benutzt, um mit den anderen Kindern in Kontakt zu kommen,
- seine Fähigkeiten zum Ausdruck von Emotionen und zur Lösung von Konflikten zu beobachten

Die Beobachtungen können ergänzt werden durch eine Befragung der Fachkräfte. Ein strukturiertes Befragungsinventar, das auf die Besonderheiten der Entwicklung blinder Kinder abgestimmt ist, liegt mit dem „Social Skills Assessment Tool for Children with Visual Impairment – revised" (SSAT-VI: R; Sacks & Wolffe, 2006) – allerdings nur in englischer Sprache - vor. Die pädagogische Fachkraft wird gebeten, auf einer sechsstufigen Skala zu beurteilen, in welchem Maße grundlegende soziale Verhaltensweisen und Kompetenzen in sozialen Interaktionen beobachtbar sind. Die Tab. 3 zeigt einen Ausschnitt aus Items, die beurteilt werden sollen.

Tab. 3: Social Skills Assessment Tool for Children with Visual Impairment – revised (SSAT-VI: R; Sacks & Wolffe, 2006; Ausschnitt)

Soziale Fähigkeit im Bereich	**Merkmale entsprechender Fähigkeiten**
Körpersprache	Zeigt eine angemessene Körperhaltung Hält angemessene Distanz Benutzt und reagiert auf gestische und mimische Zeichen Zeigt keine sozial auffälligen Gewohnheiten
Kommunikation	Initiiert Interaktionen mit anderen in altersgemäßer Form Beteiligt sich an Gesprächen Hört Anderen zu Unterbricht nur an angemessenen Stellen Zeigt Empathie
Kooperation	Zeigt Bereitschaft zur Kooperation Beteiligt sich an Gruppenaktivitäten Geht von sich aus auf eine Gruppe zu

Zusätzlich können Verhaltensskalen zur Einschätzung von emotionalen Kompetenzen (Emotionswissen, Empathie und emotionale Selbstregulation) und sozialen Kompetenzen (prosoziales Verhalten, soziale Informationsverarbeitung) verwendet werden, die zur Diagnostik von Kindern mit intaktem Sehvermögen konzipiert wurden. Dazu gehören z.B. die „Verhaltensskalen für das Kindergartenalter“ (VSK; Koglin & Petermann, 2016). Sie liegen in je einer Version für pädagogische Fachkräfte und Eltern vor und umfassen 49 Fragen, die in sieben Skalen gegliedert sind. Mit ihnen ist die Einschätzung von Verhaltensproblemen (Ängstlichkeit, Hyperaktivität und Unaufmerksamkeit, aggressives Verhalten und emotionale Dysregulation) ebenso möglich wie die Einschätzung sozial-emotionaler Ressourcen (soziale Kompetenz und Emotionswissen/Empathie). Jede der 49 Aussagen ist auf einer vierstufigen Skala zu bewerten.

Bei Verwendung dieser Fragebögen ist zu berücksichtigen, dass sie nicht für die Einschätzung von Verhaltensweisen blinder Kinder entwickelt wurden und keine Untersuchungen zur Reliabilität und Validität der Verfahren bei dieser Gruppe von Kindern vorliegen. Die Einschätzungen, die Eltern und pädagogische Fachkräfte vornehmen, sind von den Erwartungen abhängig, die sie an das Verhalten der Kinder haben; diese sind womöglich völlig andere, wenn ein blindes Kind beurteilt werden soll. Die Ergebnisse sollten deshalb nicht zu einem Vergleich mit den Kompetenzen sehender Kinder verwendet werden und können nur als Hinweis auf einzelne Verhaltensaspekte dienen, in denen Eltern oder pädagogische Fachkräfte bei einem Kind einen besonderen Unterstützungsbedarf sehen.

Tab. 4: Verhaltensfragebogen für das Kindergartenalter (VSK; Ausschnitt: Skala Emotionsregulation)

Situation	**1**	**2**	**3**	**4**
Benötigt lange Zeit, um sich von Ärger zu erholen.				
Fühlt sich oft ungerecht behandelt.				
Hat eine ausgeglichene Stimmung. ®				
Die Stimmung kippt auch durch kleine Ereignisse schnell um.				
Ist schnell enttäuscht.				
Ist schnell beleidigt.				
Zieht sich zurück, wenn es sich über etwas ärgert.				
Gibt anderen die Schuld für Konflikte.				

Anm:1 = trifft nicht zu… 4 = trifft zu; ® = umgekehrt auszuwerten

Etwas differenzierter ist der Fragebogen zu „Kompetenzen und Interessen von Kindern" (KOMPIK, Mayr et al., 2014) für das Kindergartenalter angelegt. Dieser Fragebogen umfasst Fragen zu elf – getrennt auswertbaren – Entwicklungsbereichen und ist für Kinder in der Altersgruppe von 3;5 – 6 Jahren gedacht. Er ist für den gleichen Zweck geeignet.

Tab. 5: Beispielitems zum Bereich sozial-emotionaler Kompetenzen aus dem KOMPIK (Mayr et al., 2014)

Bereich	**Merkmale für eine Ausprögung im voran genannten Bereich**
Kooperation	Hält Regeln, Anweisungen und Absprachen ein Kann Dinge, die begehrt sind, mit anderen Kindern teilen (z.B. Spielsachen oder Süßigkeiten)
Selbstbehauptung	Traut sich zu sagen, wenn es sich von der Erzieherin ungerecht behandelt fühlt Kann eine Grenze setzen, wenn etwas passiert, was es nicht mag
Sprachlicher Emotionsausdruck	Äußert sich zu den Gefühlen anderer Kinder (z.B. sagt es „Anna ärgert sich") Kann Situationen und Gefühle stimmig zuordnen, z.B. etwas verlieren und traurig sein
Emotionsregulation	Steigert sich in seine Wut hinein ® Beruhigt sich schnell wieder, wenn es aufgeregt ist (z.B. nach einem Streit)
Empathie	Fühlt mit, wenn ein anderes Kind traurig ist Hilft von sich aus Kindern, die Hilfe brauchen

® = umgekehrt auszuwerten

*** Ein Blick in die Forschung: Brauchbarkeit von adaptiven Kompetenzskalen

Sarimski, K. & Lang, M. (2019)

Profil von kommunikativen, sozialen und motorischen Kompetenzen blinder Kinder

Eine explorative Untersuchung mit den Vineland-Skalen

Vierteljahresschrift für Heilpädagogik und ihre Nachbargebiete, 88, 278-290

Mit Hilfe einer Online-Version der „Vineland Adaptive Behavior Scales“ (VABS-II) wurden bei 25 blinden Kindern im Kleinkind- und Vorschulalter die kommunikativen, sozialen und motorischen Kompetenzen erhoben und mit den US-Normwerten verglichen. Bei einem durchschnittlichen Lebensalter von 48.8 Monaten ergaben sich in sieben Teilskalen Entwicklungsalterswerte zwischen 23 und 33 Monaten (Entwicklungsquotient: 52 - 70). Dieses Gesamtergebnis entspricht den Erwartungen, die sich aus den vorliegenden Ergebnissen von Entwicklungsstudien ergeben (vgl. Kap. 4). Im Vergleich einzelner Entwicklungsbereiche zeigen sich allerdings Abweichungen. Auffallend ist insbesondere das unerwartet niedrige Entwicklungsniveau im Bereich der Sprachproduktion. Offenbar prüfen die Items dieser Skala nicht primär sprachliche, sondern soziale Kompetenzen, deren Entwicklung unter den Bedingungen der Blindheit in hohem Maße beeinträchtigt ist. Die diesbezüglichen Befunde führen zur Schlussfolgerung, dass sich die VABS-II nur eingeschränkt zur Entwicklungsdiagnostik blinder Kinder in den ersten sechs Lebensjahren eignen.

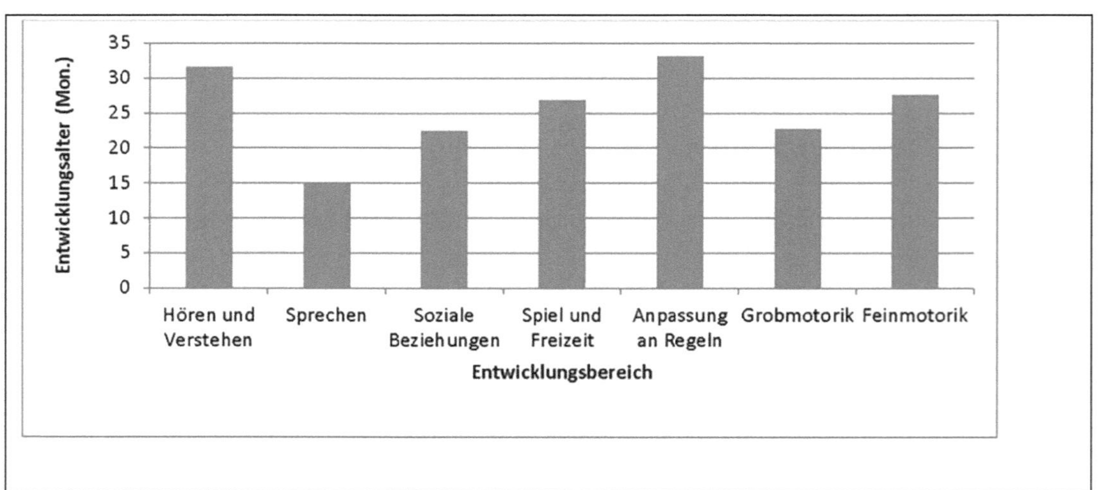

Abb. 10 Entwicklungsalter (in Mon.) der adaptiven Kompetenzen von 25 blinden Kindern (Vineland Adaptive Behavior Scale; Sarimski & Lang, 2019)

***

5.2 Intervention bei Verhaltensauffälligkeiten

Blinde Kinder können – ebenso wie Kinder mit unbeeinträchtigtem Sehvermögen – Verhaltensgewohnheiten entwickeln, die für den sozialen Kontakt mit den Eltern und anderen Kindern belastend sind. Eine systematische Diagnostik und Intervention bei Verhaltensauffälligkeiten gehört daher ebenfalls zum Arbeitsfeld der Frühförderung blinder Kinder.

Häufigkeit von Verhaltensauffälligkeiten

Tirosh et al. (1998) diagnostizierten in einer Untersuchung von 210 Kindern mit Sehschädigungen, die im Alter von bis zu fünf Jahren in einem spezialisierten Zentrum in Israel vorgestellt wurden, bei 40% eine emotionale oder soziale Verhaltensauffälligkeit nach den Kriterien des DSM-IV. 14 Kinder zeigten soziale Ängste, 15 Kinder oppositionelle Verhaltensstörungen mit oder ohne ADHS-Symptome, 26 Kinder soziales Rückzugsverhalten. Rückzugsverhalten und Stereotypien waren besonders häufig zu sehen bei Kindern mit zusätzlichen neurologischen Störungen und globaler Entwicklungsstörung. Allerdings handelte es sich um eine Stichprobe von Kindern mit unterschiedlichen Schweregraden der

Sehschädigung, die teilweise zusätzliche Behinderungen aufwiesen, so dass die Ergebnisse nicht verallgemeinert werden können.

Eine nachfolgende Analyse bezog sich auf 74 Kinder dieser Gruppe, bei denen eine angeborene Blindheit ohne zusätzliche Behinderungen vorlag. Auch unter diesen Kindern wiesen 21% emotionale und soziale Verhaltensauffälligkeiten auf. Sie waren mit einem niedrigeren Entwicklungsstand in den grobmotorischen und den expressiven sprachlichen Fähigkeiten – sowie mit einem niedrigeren Bildungsstand der Mütter – assoziiert (Ophir-Cohen et al., 2005).

Zu den häufigen Verhaltensauffälligkeiten blinder Kinder gehören repetitive Verhaltensweisen wie Körperschaukeln, Augenbohren, Fingermannerismen oder stereotype Kopfbewegungen. Solche Stereotypien haben in der Regel für das Kind die Funktion, sich selbst zu stimulieren oder ihr Erregungsniveau zu reduzieren (Brambring & Tröster, 1992).

Stereotype Verhaltensmuster dieser Art kommen häufiger – aber nicht nur – bei Kindern vor, deren intellektuelle Entwicklung zusätzlich beeinträchtigt ist. Ausgeprägte Stereotypien sind Anlass zu pädagogischen Interventionen, denn sie behindern die Exploration der Umwelt und damit die kognitive Weiterentwicklung blinder Kinder. Ihr Auftreten kann darauf hinweisen, dass die Umgebung nicht optimal auf die Bedürfnisse des Kindes abgestimmt ist, d.h. das Kind zu wenig Anregungen erhält, die seinem Entwicklungsstand angemessen sind, nicht ausreichend gelernt hat, sich selbständig zu beschäftigen oder durch die Reizvielfalt in seiner Umgebung überfordert ist.

*** Ein Blick in die Forschung: Stereotypien bei blinden Kleinkindern

Sarimski, K. & Lang, M. (2017)

Stereotypien bei blinden Kleinkindern

Blind-sehbehindert, 137, 90-93

Die Eltern von 32 blinden Kindern im Kleinkind- und Vorschulalter berichten mittels eines standardisierten Verhaltensfragebogens („Behavior Problem Inventory") über die Art, Häufigkeit und Schwere von stereotypen Verhaltensweisen, die sie bei ihren Kindern beobachten. Stereotypien sind signifikant häufiger bei Kindern mit zusätzlicher (körperlicher oder geistiger) Behinderung zu beobachten, scheinen jedoch nicht mit spezifischen Ursachen der Sehschädigung assoziiert. Am häufigsten werden von den Eltern Körperschaukeln, Wedeln mit den Armen und repetitive Handbewegungen genannt. Kinder, die in allgemeine Kindergärten integriert sind, zeigen nach diesen Ergebnissen ebenso häufig Stereotypien wie Kinder, die eine Sondereinrichtung besuchen.

***

Verhaltensanalyse und Interventionsplanung

Das Konzept der Positiven Verhaltensunterstützung beschreibt ein systematisches Vorgehen zur Veränderung sozial auffälliger Verhaltensweisen, das sich auch für die Interventionsplanung bei blinden Kindern eignet. Es beruht auf der grundlegenden Annahme, dass problematische Verhaltensweisen für das Kind eine kommunikative Funktion haben, die durch eine sorgfältige Analyse der Zusammenhänge ihres Auftretens im alltäglichen Kontext identifiziert werden kann (Sarimski, 2019).

Problematische Verhaltensweisen spiegeln in den meisten Fällen eine mangelnde Passung zwischen den Bedürfnissen und Fähigkeiten des Kindes und den Erwartungen der Umgebung wider. Sie können verändert werden, indem die Bedingungen in der Umgebung des Kindes und die Konsequenzen, die es auf sein Verhalten erfährt, verändert und alternative Kompetenzen zur Bewältigung sozialer Anforderungen gezielt gefördert werden. Strafen oder negative Konsequenzen werden im Konzept der Positiven Verhaltensunterstützung nicht eingesetzt.

Der erste Schritt zur Entwicklung eines Interventionsplans besteht in einer präzisen Definition des Verhaltens, um das es geht. Sie sollte so formuliert werden, dass das Verhalten eindeutig beobachtbar ist. So ist es z.B. nicht sinnvoll, von „taktiler Abwehr" zu sprechen; vielmehr sollte genau beschrieben werden, welche Verhaltensweisen verändert werden soll und welches Verhalten in der entsprechenden Situation stattdessen erwartet und angestrebt wird. Priorität haben problematische Verhaltensweisen, die mit einer Gefährdung des Kindes (oder anderer Personen) einhergehen oder die dazu führen, dass es vom sozialen Kontakt (z.B. in der Kindergartengruppe) ausgeschlossen wird.

Informationen über die Häufigkeit, Dauer und Intensität der problematischen Verhaltensweisen sollten über einen gewissen Zeitraum protokolliert werden, um später beurteilen zu können, ob die Interventionen wirksam waren. Wenn diese Informationen vorliegen, wird in einem zweiten Schritt eine funktionale Analyse durchgeführt, um herauszufinden, unter welchen Bedingungen das Verhalten auftritt und welche Konsequenzen es hat. Dazu werden systematische (ABC-) Protokolle angefertigt und die Bezugspersonen des Kindes zusätzlich nach ihren Beobachtungen über Zusammenhänge des Verhaltens befragt. Wenn sich aus diesen Beobachtungen wiederkehrende Muster abzeichnen, lässt sich daraus eine erste Arbeitshypothese entwickeln, welche auslösenden Bedingungen und Konsequenzen das Verhalten aufrecht erhalten. Häufige Funktionen problematischen Verhaltens sind:

- Bedürfnis nach Erweiterung des sensorischen Inputs,
- Bedürfnis, sich einer unangenehmen Situation zu entziehen,
- Wunsch nach sozialer Aufmerksamkeit,
- Wunsch nach bevorzugten Objekten oder Aktivitäten.

Die folgenden Leitfragen können bei der Identifikation von Bedingungen nützlich sein, die für das Auftreten und die Aufrechterhaltung des Verhaltens relevant sind:

- An welchen Aktivitäten kann das Kind teilhaben?
- Mit welchen Kindern oder Erwachsenen entwickelt sich eine Interaktion?
- Welche körperlichen Bedürfnisse (Erschöpfung, Schlaf, Hunger, Sauberkeit, Medikation) könnten für das Auftreten des Verhaltens eine Rolle spielen?
- Sind die Abläufe und sozialen Erwartungen für das Kind vorhersagbar?
- Hat es Möglichkeiten zu selbständigen Handlungen und zur selbstbestimmten Wahl zwischen verschiedenen Alternativen?
- Werden die individuellen Vorlieben des Kindes beachtet?
- Führt das problematische Verhalten zu einer positiven oder negativen Verstärkung, d.h. erreicht das Kind damit ein angestrebtes Ziel oder vermeidet es erfolgreich etwas, was ihm unangenehm ist?

Mit vorausgehenden („antezedenten") Bedingungen sind die Bedingungen gemeint, die dem Auftreten des Verhaltens unmittelbar vorausgehen: Sinneseindrücke, Körperposition, Materialangebot, soziale Anforderungen, Hilfen durch die Erwachsenen. Bei der Beurteilung verstärkender Konsequenzen ist wichtig zu beachten, dass es dabei entscheidend ist, wie das Kind sie erlebt. Es kann z.B. sein, dass ein Erwachsener das Verhalten eines Kindes in missbilligendem Tonfall tadelt – diese Reaktion kann vom Kind jedoch als soziale Aufmerksamkeit gewertet werden, die das Verhalten aufrecht erhält, statt seine Häufigkeit zu reduzieren.

Je nach der kommunikativen Funktion, zu der die problematischen Verhaltensweisen eingesetzt werden, ergeben sich aus der Arbeitshypothese unterschiedliche Ansatzpunkte für eine Intervention, die miteinander kombiniert werden können. Grundsätzlich stehen folgende Interventionsstrategien zur Wahl:

- Strategien zur Anleitung von Kompetenzen in den Bereichen Kommunikation, Orientierung und Mobilität, soziale Interaktion und lebenspraktische Selbständigkeit
- Strukturierung von Aktivitäten (Wechsel von Anregungen, selbstbestimmte Wahlmöglichkeiten, Vorhersagbarkeit von Anforderungen)
- Anpassungen der Umgebung (räumliche Merkmale, Ausstattung, Zugänglichkeit von Materialien)
- Unterstützung der Wahrnehmung von Objekten und Abläufen in der Umgebung des Kindes (sprachliche Kommentierung sozialer Situationen durch den Erwachsenen, Etablierung „taktiler gemeinsamer Aufmerksamkeit")
- Strategien zur positiven Verstärkung erwünschten Verhaltens und zur Reduzierung der Verstärkung von problematischen Verhaltensweisen

Bei den Kompetenzen, die als Alternative zu dem auffälligen Verhalten aufgebaut werden sollen, sollte es sich möglichst um ein Verhalten handeln, das mit dem Problemverhalten unvereinbar ist. So könnte z.B. bei einem Kind, das häufig mit den Händen wedelt oder sich in die Augenhöhlen bohrt, als Ziel formuliert werden, dass es stattdessen seine beiden Hände zur taktilen Exploration von Gegenständen einsetzt. Das angestrebte Verhalten muss dem gegenwärtigen Entwicklungsstand des Kindes sowie den üblichen Erwartungen an Kinder seiner Altersgruppe entsprechen und für die Weiterentwicklung der kognitiven, kommunikativen und lebenspraktischen Fähigkeiten des Kindes einen positiven Wert haben.

Differenzierung von einer Autismus-Spektrum-Störung

Eine besondere Herausforderung bei der Verhaltensanalyse und Interventionsplanung stellt die Differentialdiagnose einer Autismus-Spektrum-

Störung als zusätzlicher Diagnose zur angeborenen Blindheit dar. Auch Kinder mit einer Autismus-Spektrum-Störung zeigen – wie einige blinde Kleinkinder – wenig Interesse am sozialen Kontakt mit anderen Kindern oder Erwachsenen, suchen keinen Blickkontakt, sind in ihrer Mimik und Gestik auffällig, reagieren auf Veränderungen und ungewohnte Anforderungen mit destruktiven oder aggressiven Verhaltensweisen, neigen zu stereotypen, für den Außenstehenden bizarr wirkenden Beschäftigungsweisen.

In der Tat werden bei einigen blinden Kindern im frühen Kindesalter die Diagnosekriterien einer autistischen Störung erfüllt, wenn standardisierte, autismus-spezifische Untersuchungsverfahren eingesetzt werden (Hobson et al., 1999). Diese Symptomatik zeigt sich gehäuft bei Kindern mit einer Retinopathie nach Frühgeburtlichkeit, Lebersche Amaurose oder einer Opticus-Hypoplasie (Andrews & Wyver, 2005; Parr et al., 2010; Williams et al., 2013). Da sich eine zuverlässige Differenzierung zwischen sozial-emotionalen Auffälligkeiten, die unter den Bedingungen einer schweren Sehbeeinträchtigung zu „erwarten" sind, und Frühzeichen einer Autismus-Spektrum-Störungals schwierig erweist, sind die in der Literatur berichteten Prävalenzraten für autistische Störungen jedoch nur mit Vorsicht zu werten. Die Prävalenz variiert zudem mit dem verwendeten Verfahren zur Diagnostik einer Autismus-Spektrum-Störung. Absoud et al. (2011) stellten in einer Untersuchung von 23 Kindern im Alter zwischen 1;9 und 6;11 Jahren fest, dass – je nach Kriterium der Diagnose – bei 11-40% der sehbehinderten Kinder eine autistische Störung vorlag.

Die Diagnosestellung einer Autismus-Spektrum-Störung nach den Kriterien der DSM-V oder ICD-10 begründet sich dabei vor allem mit den Schwierigkeiten bei der Etablierung gemeinsamer Aufmerksamkeit im Spiel („joint attention"), auffälligen Sprachmerkmale (z.B. Echolalie und Pronomenverwechslungen) und einer Neigung zu stereotypen Verhaltensweisen. Im weiteren Verlauf der Entwicklung zeigen die meisten blinden Kinder, bei denen zunächst eine autistische Störung vermutet wird, jedoch eine deutliche Verbesserung ihrer sozialen und kommunikativen Fähigkeiten, so dass die ursprüngliche Diagnose nicht mehr aufrecht erhalten werden kann (Hobson & Lee, 2010).

Trotz oberflächlicher Ähnlichkeit der Symptomatik handelt es sich bei autistischen Verhaltensweisen von sehbehinderten und blinden Kindern in den meisten Fällen nicht um eine autistische Störung im klassischen Sinne, sondern die beobachteten Auffälligkeiten sind durch das eingeschränkte oder fehlende Sehvermögen zu erklären.

Allerdings weisen einige blinde Kinder einen spezifischen Entwicklungsverlauf auf, der den Verdacht auf eine autistische Störung nahelegt. Die Arbeitsgruppe von Dale (Dale & Sonksen, 2002; Dale & Salt, 2008) stellten bei immerhin einem Drittel der blinden Kinder, die sie zwischen dem Alter von 10 und 54 Monaten regelmäßig untersuchten, eine Stagnation der Entwicklung oder einen Verlust bereits erworbener Fähigkeiten im zweiten oder dritten Lebensjahr fest. Diese Kinder vermieden zunehmend den sozialen Kontakt, entwickelten eine ausgeprägte Abwehr gegen Tasterfahrungen, reagierten auf soziale Kontaktangebote ängstlich, neigten zu Echolalien oder stereotypen Wiederholungen von Worten oder Sätzen und zeigten ein reduziertes Spielrepertoire ohne Ansätze zu symbolischen oder sozialen Spielformen. Diese Kinder bedürfen intensiver und individualisierter Förderung, um sich in ihren Fähigkeiten weiterentwickeln zu können.

5.3 Förderung bei zusätzlicher körperlicher oder intellektueller Behinderung

Bei Kindern mit zusätzlicher körperlicher oder intellektueller Behinderung steht die Förderung des Explorationsverhaltens, der Eigeninitiative zur Erkundung der Umwelt sowie der Fähigkeit zur Kommunikation, wenn (noch) keine Lautsprache zur Verfügung steht, im Mittelpunkt der Entwicklungsunterstützung.

Um diese Fördermaßnahmen zu planen, ist es zunächst sinnvoll, die aktive Beteiligung eines Kindes mit komplexer Behinderung an Aktivitäten im familiären Alltag (oder im Gruppengeschehen einer Kindertagesstätte) systematisch zu analysieren. Diese Einschätzung kann z.B. mit dem „Engagement Profile" von Blackburn et al. (2012) erfolgen, das im Internet frei zugänglich ist (https://engagement4learning.com/e4l-engagement-model-resource/).

Die Leitfragen für die Beobachtung sind:

- Responsivität: Woran lässt sich erkennen, dass das Kind eine Aktivität wahrnimmt?
- Interesse: Woran lässt sich erkennen, dass das Kind an einer Aktivität interessiert ist (z.B. non-verbale Kommunikationsformen, flüchtige Tasterkundungen)?
- Exploration: Welche Verhaltensweisen nutzt das Kind zur Erkundung einer Aktivität?
- Entdeckung: Woran lässt sich erkennen, dass das Kind etwas entdeckt hat, evtl. mit Überraschung?
- Antizipation: Woran lässt sich erkennen, dass das Kind einen Ablauf aufgrund seiner bisherigen Erfahrung vorauszusehen vermag?
- Ausdauer: Woran lässt sich erkennen, dass ein Kind sich mit Ausdauer an einer Aktivität zu beteiligen versucht?
- Initiative: Wie versucht ein Kind, eine Aktivität von sich aus zu initiieren (z.B. mit non-verbalen Kommunikationsmitteln einen Wunsch zu äußern)?

Zur Förderung der Eigeninitiative mehrfach behinderter Kinder bei der Exploration von Gegenständen sind spezielle räumliche Anpassungen sinnvoll. Das Konzept des „Little Room" (Nielsen, 1991) sieht einen Spielbereich mit drei Begrenzungswänden vor, an denen verschiedene Objekte befestigt werden. Wenn das Kind in die Mitte dieses Spielbereichs gelegt wird, ist es von störenden anderen Reizen im Raum etwas abgeschirmt und kann mit einfachen Bewegungen unterschiedliche akustische und taktile Erfahrungen mit den Gegenständen machen, die es immer am gleichen Platz vorfindet.

Es können Gegenstände auch auf einer Resonanzplattform angeboten werden, damit ihre Manipulation stärkere akustische Effekte bewirkt. Allerdings fehlt es bislang an empirischen Belegen, dass sich der Effekt dieser Stimulation dann auch positiv auf die Motivation und Eigeninitiative im Alltag auswirkt.

Eine zentrale Aufgabe der Förderung bei Kindern mit komplexer Behinderung ist die Anbahnung kommunikativer Fähigkeiten. Die meisten Kinder mit schwerer und mehrfacher Behinderung befinden sich auf einer prä-symbolischen

Entwicklungsstufe, d.h. sie drücken ihr Befinden, ihr Interesse, Wünsche oder Ablehnung durch ihre Körper- oder Kopfhaltung, ihre Blickrichtung, Lautbildung oder Gesten aus. Oft ist es für das Gegenüber aber schwer zu erkennen, ob sie damit eine kommunikative Intention verfolgen oder ob es sich um Verhaltensweisen handelt, die als Reaktion auf ein „Umweltereignis" auftreten, aber noch keinen Mitteilungscharakter haben, d.h. nicht auf einen Gegenüber gerichtet sind, von dem seinerseits eine Reaktion erwartet wird.

Das bedeutet, dass die Bezugspersonen die Reaktionen des Kindes sehr genau beobachten und auch kleine Veränderungen wahrnehmen müssen, um auf sie reagieren zu können. Vielfach sind sie auf Interpretationen angewiesen, was vielleicht die kommunikative Absicht des Kindes sein könnte. Dass eine Kommunikation auch unter derart erschwerten Bedingungen gelingen kann, zeigen Beobachtungen der Interaktion zwischen Eltern und schwer behinderten Kindern (Wilder & Granlund, 2003). Sie sind oft in beeindruckender Weise in der Lage, sich auf die individuellen Kommunikationsformen ihrer Kinder einzustellen und einen dialogischen Austausch zu gestalten.

Grundsätzlich orientiert sich die Anbahnung von kommunikativen Fähigkeiten in der Frühförderung von Kindern mit schwerer und mehrfacher Behinderung an der Art und Weise, wie Eltern intuitiv einen Dialog mit einem Säugling anbahnen. Dialoge mit einem Säugling gestalten sich in einem Prozess der Ko-Regulation; d.h. das Kind verfügt zunächst noch nicht über zielgerichtete, auf den Dialogpartner bezogene kommunikative Kompetenz, lernt aber allmählich aus seinen Erfahrungen im Dialog mit seinen erwachsenen Bezugspersonen, wie es seine Aufmerksamkeit wecken und zum Dialog beitragen kann, so dass „Turnwechsel" entstehen. Dabei spielt die Imitation kindlicher Verhaltensweisen durch den Erwachsenen eine besondere Rolle.

Mehrfachbehinderte Kinder mit fehlendem oder stark eingeschränktem Sehvermögen können durch eine gezielte Gestaltung der Eltern-Kind-Interaktionen lernen, sich an einem Dialog zu beteiligen, Ankündigungen zu verstehen und in ritualisierten Kontexten eigene Wünsche auszudrücken. Klein et al. (2000) legten ein modularisiertes Konzept für die Elternberatung mit diesem Ziel vor ("Promoting Learning through active interaction", PLAI; Abb. 11).

Die Eltern werden angeleitet, die kindlichen Signale für Aufmerksamkeit, Wohlbehagen oder Unmut korrekt zu identifizieren, alltägliche Abläufe in konstanter, für das Kind wiedererkennbarer Form zu gestalten und dann mit einem gleichbleibenden Ankündigungsreiz zu verbinden, um auf dieser Basis Turn-Taking-Dialoge anzubahnen.

Einige Beispiele für Ankündigungsreize sind:

- Ein Waschlappen wird dem Kind in die Hand gegeben, bevor es ins Bad gebracht wird zur Körperpflege.
- Die Lippen des Kindes werden mit dem Löffel zweimal berührt, bevor das Essengeben beginnt.
- Dem Kind wird die offene Flasche mit dem Badeschaum unter die Nase gehalten, bevor es in die Badewanne gelegt wird.
- Dem Kind wird eine Mütze gereicht, bevor es angezogen wird und es zu einem Spaziergang geht.
- Eine bestimmte Musik erklingt, bevor es in sein Bett gelegt wird.

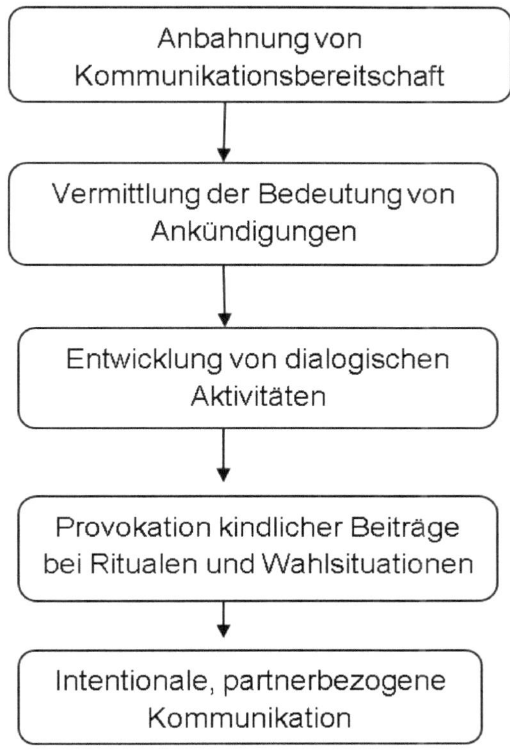

Abb. 11 Stufen der Förderung kommunikativer Fähigkeiten bei schwerer und mehrfacher Behinderung (Klein et al., 2000)

Wenn das Kind die Bedeutung von Ankündigungsreizen verstanden hat, gilt es, dialogische Aktivitäten zu entwickeln und „Turnwechsel" zu provozieren. Der Erwachsene wählt dazu Aktivitäten aus, an denen das Kind Interesse hat, hält immer wieder inne und wartet ein Signal des Kindes ab, mit dem es seinen Wunsch nach einer Fortsetzung ausdrückt. Auch wenn das Kind das entsprechende Verhalten zunächst nicht mit der kommunikativen Absicht („bitte mach weiter") gezeigt hat, lernt es aus wiederholten Erfahrungen dieser Art, dass es damit einen Wunsch ausdrücken kann.

Wenn das Kind bereits Interesse an bestimmten Gegenständen der Umwelt entwickelt hat, können schließlich Wahlsituationen geschaffen werden, um seine kommunikative Initiative anzuregen. Das „beliebte" Objekt wird mit einem weniger attraktiven Gegenstand in die Reichweite des Kindes gebracht und es aufgefordert zu zeigen, was es möchte. Das kommunikative Signal kann z.B. ein Ausstrecken des Arms oder eine Hinwendung des Körpers in Verbindung mit einer Vokalisation bestehen. Dieses Verhalten kann vom Erwachsenen als Ausdruck eines Wunsches interpretiert und prompt und zuverlässig beantwortet werden, indem er dem Kind den gewünschten Gegenstand reicht.

Blinde Kinder mit intellektueller Beeinträchtigung können auf dieser Stufe auch lernen, sich mit Bezugsobjekten („tangible symbols") zu verständigen. Kleine, taktil erfahrbare Gegenstände, mit denen eine bestimmte Aktivität gekennzeichnet wird, werden auf einer Kommunikationstafel befestigt. Das Kind kann die Tafel ertasten und dann das entsprechende Objekt übergeben, um damit einen Wunsch mitzuteilen. Es ist dabei wichtig, Gegenstände auszuwählen, die das blinde Kind als Stellvertreter für die intendierte Aktivität erkennen kann. Miniaturobjekte (wie z.B. kleine Autos) sind dabei meist nicht geeignet; ein blindes, geistig behindertes Kind wird wahrscheinlich nicht verstehen, dass ein kleines Spielzeugauto zur Ankündigung einer Autofahrt benutzt wird, wenn es vom Auto lediglich den Kindersitz und den straffen Haltegurt kennt.

5.4 Herausforderungen bei einer dualen Sinnesbehinderung

Eine Einschränkung der Hörfähigkeit stellt für ein blindes Kind eine zusätzliche Barriere für den Zugang zur Welt dar und erfordert spezifische Vorgehensweisen bei der Anbahnung von kommunikativen Fähigkeiten sowie der Förderung der sprachlichen Entwicklung. Bereits eine leichte Hörbeeinträchtigung durch Mittelohrentzündungen erschwert die Lautunterscheidung und das Verstehen von sprachlichem Input vor dem Hintergrund der Störgeräusche, wie sie im Alltag herrschen. Sie kann die Sprachentwicklung nachhaltig behindern.

Wenn eine Beeinträchtigung des Hörvermögens besteht, sollte das Kind deshalb unverzüglich eine Behandlung der Erkrankung selbst, bzw. eine Versorgung mit einem Hörgerät oder Cochlea Implantat erfolgen. Wenn die Fachkraft selbst keine Aus- oder Fortbildung für die Arbeit mit hörsehbehinderten Kindern hat,

ist eine enge Kooperation mit einer Fachkraft erforderlich, die über eine Ausbildung im Förderschwerpunkt Hören verfügt.

Zur Versorgung gehört dann die Gewöhnung des Kindes an das regelmäßige Tragen des Hörgerätes und die zuverlässige Kontrolle seiner Funktionsfähigkeit. Für den Erfolg eines lautsprachlich-hörgerichteten Förderkonzeptes ist es zudem wichtig, die auditive Aufmerksamkeit des Kindes und seine Diskriminationsfähigkeit für Geräusche, Stimmen und Klänge in seiner Umgebung gezielt zu fördern und günstige Bedingungen für die Wahrnehmung von Sprache in der Umwelt zu schaffen.

Eine sogenannte FM-Anlage (d.i. eine drahtlose Signalübertragungsanlage) kann später im Kindergarten als Hilfsmittel eingesetzt werden. Es handelt sich dabei um ein Verstärkersystem, bei dem der Sprecher ein Mikrophon benutzt und die Sprache direkt zum Empfänger übertragen wird. Das reduziert Störreize und macht es dem Kind sehr viel leichter, sich auf die Sprachäußerung des Gegenübers zu konzentrieren. Eine solche Anlage - die es einem Schulkind erleichtert, dem Unterricht zu folgen - ist im Kindergarten bei Aktivitäten nützlich, die stark vom Erzieher gelenkt sind (z.B. bei Kreisgesprächen oder der Betrachtung von Bilderbüchern). Die soziale Teilhabe am spontanen gemeinsamen Spiel mit anderen Kindern bleibt durch die zusätzliche Hörbeeinträchtigung jedoch erschwert.

Förderung von taubblinden oder hörsehbehinderten Kindern

Die Frühförderung von Kindern, die taubblind oder hörsehbehindert sind, stellt die Fachkräfte vor besondere Herausforderungen.

Der besondere Unterstützungsbedarf der Kinder ergibt sich nicht allein aus einer Addition von Seh- und Hörschädigung, sondern geht darüber hinaus, wenn das Fehlen eines Sinneskanals für die Kontaktaufnahme mit der Umwelt nicht oder nur in begrenztem Maße durch Nutzen des anderen Sinneskanals kompensiert werden kann.

Empirische Studien zur Prävalenz der Hörsehbehinderung orientieren sich Kriterium des Schweregrads der Einschränkung. So wurden in einer aktuellen bundesweiten Erhebung alle Kinder als hörsehbehindert bezeichnet, bei denen ein Hörverlust von mindestens 60 dB und Verlust der Sehschärfe von mindestens 20/70 vorliegt (Lang et al., 2015). In einer Online-Befragung in zehn Bundesländern wurden nach diesem Kriterium 318 Kinder unter 18 Jahren mit einer Hörsehbehinderung ermittelt. Auf dieser Basis lässt sich eine geschätzte Prävalenz von 0.01 Prozent in dieser Altersgruppe errechnen. Dies ist gut vereinbar mit aktuellen Daten, die von „The National Consortium on Deaf-Blindness" (2013) bei einer flächendeckenden Erhebung in den USA ermittelt wurden.

Eine Hörsehbehinderung kann im Rahmen eines genetischen Syndroms (z.B. CHARGE-Syndrom, Cornelia-de-Lange-, Laurence-Moon-, Biedet-Bardet-Syndrom) vorliegen, durch eine pränatale Infektion (z.B. Rubella, Toxoplasmose oder Cytomegalie) oder eine sehr frühe Geburt mit zusätzlichen Komplikationen entstehen. Innerhalb der Gruppe der Kinder mit einer Hörsehbehinderung variiert der Grad der Sehschädigung. Dem entsprechend unterscheiden sich die Auswirkungen auf die Fähigkeiten zur Erkundung und Kommunikation mit der Umwelt. Dammeyer & Larsen (2016) untersuchten die kommunikativen und sprachlichen Fähigkeiten von 71 Kindern im Alter zwischen drei und 18 Jahren. 41% befanden sich noch auf einer vorsprachlichen Entwicklungsstufe. 32% der Kinder verfügten über Lautsprache, 23% waren jedoch allein auf taktile Verständigungsmöglichkeiten mit ihrer Umwelt angewiesen (taktile Handzeichen, Fingerbuchstabieren, Braille-Gebärden oder Tadoma).

Eine zentrale Aufgabe der Frühförderung hörsehbehinderter oder taubblinder Kinder liegt in der Anbahnung der Fähigkeit zur Kontaktaufnahme und Kommunikation mit der Umwelt. Hier geht es zunächst nicht um die Entscheidung für eine spezifische Kommunikationsform, sondern um die Entwicklung einer dialog-orientierten Grundhaltung aller Bezugspersonen, in der das Kind erlebt, dass seine Bedürfnisse nach Sicherheit und Selbstwirksamkeit respektiert, seine Signale für Angst und Unbehagen, Neugier und Interesse wahrgenommen und für das Kind verständlich beantwortet werden. Das erfordert jedoch von jedem Kommunikationspartner ein hohes Maß

an Aufmerksamkeit gegenüber den Signalen des Kindes und die Bereitschaft, mit dem Kind gemeinsam nach Verständigungswegen zu suchen.

Entsprechende Konzepte für die pädagogische Arbeit mit hörsehgeschädigten Menschen wurden in der internationalen Fachdiskussion z.B. unter dem Titel „Co-Creating Communication" vorgelegt. Das Konzept ist in Form von vier „Booklets" – jeweils kombiniert mit Fallbeispielen, die in Videoausschnitten auf beigefügten DVDs illustriert werden - unter dem Titel „Kommunikation und angeborene Taubheit" auch im deutschen Sprachraum zugänglich (Rodbroe et al., 2014).

Diese Konzepte beschreiben Wege, wie sich Kommunikationsformen zunächst in wechselseitigen dyadischen Beziehungen und einfachen Handlungsroutinen fördern lassen. Dabei ist zu bedenken, dass ein Kind mit einer Hörsehbeeinträchtigung unter Umständen zunächst gar keine Vorstellung davon hat, dass außerhalb seiner eigenen Körperwahrnehmung eine Welt existiert, die erkundet werden könnte. Es ist also in elementarer Weise auf Bezugspersonen angewiesen, die mit ihm in eine wechselseitige Beziehung treten und in einem weiteren Schritt emotional bedeutsame Umwelterfahrungen ermöglichen, sein Interesse wecken, Sachverhalte kommentieren, erklären und gemeinsam erkunden – dies alles in einer Form und Geschwindigkeit, die von einem Kind mit einer Hörsehschädigung verarbeitet werden kann. Die Qualität der pädagogischen Versorgung hängt in einem hohen Maße davon ab, wie gut es den Bezugspersonen dabei gelingt, sich auf die spezifischen Bedürfnisse von hörsehgeschädigten Menschen bei der Entwicklung eines solchen Kommunikationssystems einzustellen (Wanka, 2012).

******* Ein Blick in die Forschung: Versorgung taubblinder Kinder

Lang, M., Keesen, E. & Sarimski, K. (2015)

Kinder mit Taubblindheit und Hörsehbehinderung. Wie steht es um ihre Versorgung in der Frühförderung?

Frühförderung interdisziplinär, 34, 194-205

Thema der Studie ist die Frühförderung von hörsehbehinderten und taubblinden Kindern, die besondere Anforderungen an die Fachkompetenz stellt. Nicht alle Kinder mit einer kombinierten Sinnesbehinderung werden durch spezialisierte Frühförderstellen betreut. In einer schriftlichen Befragung berichteten 16 Fachkräfte - davon 11 Fachkräfte, die in Frühförderstellen mit anderen Schwerpunkten arbeiten, aber hörsehbehinderte Kinder betreuen - über die Hilfsmittelversorgung, Umgebungsgestaltung, Kommunikation und psychosoziale Situation von 52 Kindern sowie über ihre eigenen Kompetenzen. Danach verwendete die überwiegende Mehrheit der Familien (92%) vorwiegend Lautsprache zur Verständigung. Der Anteil derer, die Gebärdensysteme nutzen, ist insgesamt sehr gering. Individuelle taktile Gebärden wurden von acht Familien, spezifische taktile Gebärdensysteme unterschiedlicher Art (auf der Basis der Deutschen Gebärdensprache, DGS, oder der lautbegleitenden Gebärden, LBG) jeweils von zwei bis drei Familien genutzt.Bezugsobjekte, mit denen die Eltern ihren Kindern Abläufe im Alltag ankündigen können, benutzten 21 Familien.

****

In der Praxis besteht ein hoher Bedarf an fachlicher Expertise, um Eltern und hörsehbehinderte Kinder wirksam zu unterstützen. Nur ein Teil der Familien

erhält in der Frühförderung gegenwärtig eine Beratung und Anleitung, die auf die spezifischen Bedürfnisse von hörsehbehinderten Kindern abgestimmt ist.

5.5 Konsultative Beratung in inklusiven Kindertagesstätten

Wahl einer geeigneten Kindertagesstätte

Die Förderung der sozialen Teilhabe und die Vorbereitung auf künftige Anforderungen in der Schule gehört zu den Aufgaben der Kindertagesstätten. Grundsätzlich besteht für die Eltern eine Wahlmöglichkeit zwischen Einrichtungen, die auf blinde Kinder spezialisiert sind, und der Inklusion in allgemeinen Kindergärten.

Es bietet sich an, dass die Fachkräfte der Frühförderung die in Frage kommenden Einrichtungen mit den Eltern gemeinsam besuchen. Bei allgemeinen Kindergärten können sie sich dabei gemeinsam einen Eindruck verschaffen, ob die Einrichtung auf die Aufnahme eines blinden Kindes vorbereitet und bereit ist, sich auf die besonderen Bedürfnisse eines blinden Kindes einzustellen.

Günstige Voraussetzungen für eine erfolgreiche Integration in einen allgemeinen Kindergarten bestehen, wenn die Gruppenräume der Einrichtung bereits klar strukturiert sind, keine Gefahrenquellen für das Kind erkennbar sind, die Fachkräfte viele unterschiedliche Beschäftigungsangebote machen und alle Kinder verbindlich einer Gruppe zugeordnet sind. „Offene Konzepte“, bei denen die Kinder nach eigener Entscheidung zwischen verschiedenen Räumen wechseln und keine festen „Bezugserzieherinnen“ vorgesehen sind, können für blinde Kinder eine Überforderung darstellen.

Leitfragen für Vorgespräche mit Kindertagesstätten sind:

- Welche Ausbildung haben die Mitarbeiterinnen und Mitarbeiter, die in der Gruppe arbeiten?
- Wie ist der Personalschlüssel (Verhältnis von Mitarbeitenden zu Kindern)?
- Haben die Mitarbeiterinnen und Mitarbeiter Erfahrung und/oder Fortbildungen in der Arbeit mit Kindern mit Behinderungen?

- Besteht eine Bereitschaft zur Zusammenarbeit mit externen Fachkräften (Fachkraft der Frühförderstelle, evtl. Physio-, Ergo- oder Sprachtherapeuten)?
- Besteht eine Bereitschaft, die Umgebung in der Gruppe auf die Bedürfnisse eines blinden Kindes abzustimmen und sich mit dem Gebrauch von Hilfsmitteln vertraut zu machen?

Förderung der sozialen Teilhabe als Kernaufgabe

Brambring (2001) befragte 48 pädagogische Fachkräfte, die blinde Kinder in allgemeinen Kindertagesstätten betreuen, nach ihren Erfahrungen. Den größten Beratungsbedarf sahen sie darin, wie sie das Kind bei seiner sozialen Interaktion mit anderen Kindern der Gruppe unterstützen können.

Die Abb. 12 zeigt, welche Ansatzpunkte in der Kindertagesstätte grundsätzlich genutzt werden können, um die soziale Teilhabe blinder Kinder zu unterstützen. Dazu gehören die Anpassung der Umgebung an ihre besonderen Bedürfnisse, die Nutzung adaptierten Spiel- und Lernmaterials, die Vereinfachung von Aufgaben, das Aufgreifen kindlicher Vorlieben und bereits erworbener Kompetenzen sowie die direkte Assistenz durch andere Kinder und die pädagogischen Fachkräfte.

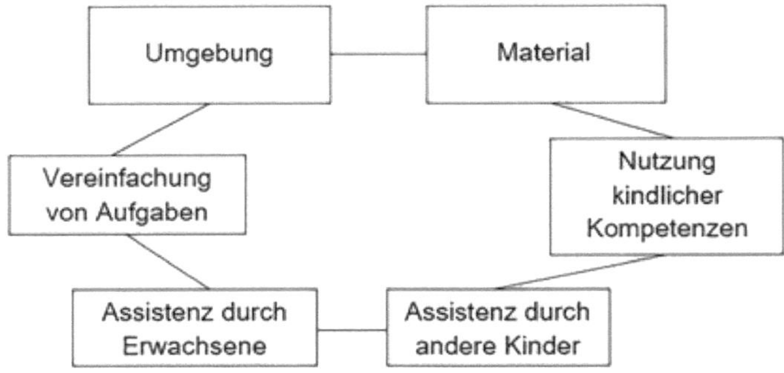

Abb. 12 Ansatzpunkte für die Unterstützung sozialer Teilhabe blinder Kinder in Kindertagesstätten

Die Forschungsbefunde zu sozialen Kompetenzen blinder Kinder (vgl. Kap. 4.10) sprechen dafür, dass sie in Kindertagesstätten stärker auf die Erwachsenen fixiert und weniger motiviert sind, sich am Gruppengeschehen zu beteiligen. Das bedeutet, dass sie weniger Gelegenheiten haben, prosoziale Kompetenzen im Kontakt mit gleichaltrigen Kindern zu erwerben und einzuüben. Dieses Problem wird auch nicht dadurch gelöst, dass – wie zunehmend üblich – eine Assistenzkraft als Integrationshelferin zugeordnet wird. In diesem Fall wenden sich die anderen Kinder häufig an die Assistenzkraft („Möchte ... Ball spielen?"), statt das Kind selbst anzusprechen, und das blinde Kind fühlt sich bei sozialen Kontakten zu anderen Kindern abhängig von der Unterstützung durch einen Erwachsenen.

Die pädagogischen Fachkräfte müssen sich gezielt um Gelegenheiten für soziales Spiel in der Gruppe bemühen und ein blindes Kind aktiv bei seiner sozialen Teilhabe unterstützen. Eine wirksame Hilfe bei der Teilhabe ist, dass ein Erwachsener jeweils kommentiert, was die einzelnen Kinder in der unmittelbaren Umgebung des Kindes gerade tun. Außerdem muss er das Kind mit sozialen Regeln vertraut machen.

Eltern oder pädagogische Fachkräfte in der Kindertagesstätte sind mitunter der Meinung, dass die Anpassung an soziale Regeln nicht so wichtig sei, und stellen an blinde Kinder keine entsprechenden Erwartungen. Es zeigt sich jedoch, dass die soziale Akzeptanz im weiteren Verlauf – z.B. in der Schule – gerade davon mitbestimmt wird, ob ein blindes Kind solche sozialen Regeln zu beachten gelernt hat.

Eine wesentliche Voraussetzung für das Gelingen der sozialen Teilhabe ist, dass die anderen Kinder der Gruppe über die Behinderung des blinden Kindes in altersgemäßer Form informiert sind, Antworten auf ihre Fragen finden und die Einschränkungen verstehen, die mit fehlendem Sehvermögen verbunden sind. Dies kann z.B. durch Simulationsübungen geschehen, bei denen den anderen Kindern der Gruppe die Augen verbunden werden und sie Erfahrungen machen, was das für ihre Orientierung im Raum und ihre Wahrnehmungs- und Handlungsmöglichkeiten im Gruppengeschehen bedeutet.

Bei der gezielten Förderung sozial-emotionaler Kompetenzen von blinden Kindern im Kindergartenalter lassen sich generell folgende konzeptionelle Ansätze unterscheiden:

- Anleitung von sozialen Kompetenzen im Alltag durch die Fachkräfte (direktes „Coaching in teachable moments")
- Anleitung zum gemeinsamen Spiel und Arbeiten in thematisch ausgerichteten Kleingruppen
- Förderung von sozialen Fertigkeiten und Kontakten durch die Anleitung von Peers („peer-mediated interventions")

Bei der Förderung in Alltagssituationen („Coaching in teachable moments") erhält das Kind durch die Fachkraft bei sozialen Kontakten mit anderen Kindern eine verbale Instruktion zu dem Verhalten, das in der Situation geeignet wäre, ein gemeinsames Spiel entstehen zu lassen, und wird in der Ausführung der entsprechenden Fertigkeit (z.B. Spielsachen teilen, sich abwechseln) unterstützt, korrigiert und bestärkt.

Im Laufe der Förderung werden dann die Hilfen schrittweise reduziert, bis das Kind in der entsprechenden Situation die angestrebte Fertigkeit selbständig einsetzt. Die Aufrechterhaltung des gelernten Verhaltens und die Generalisierung auf neue soziale Kontexte und unterschiedliche Interaktionspartner muss dabei systematisch gefördert werden. Die Abb. 13 illustriert den Ablauf der Förderplanung.

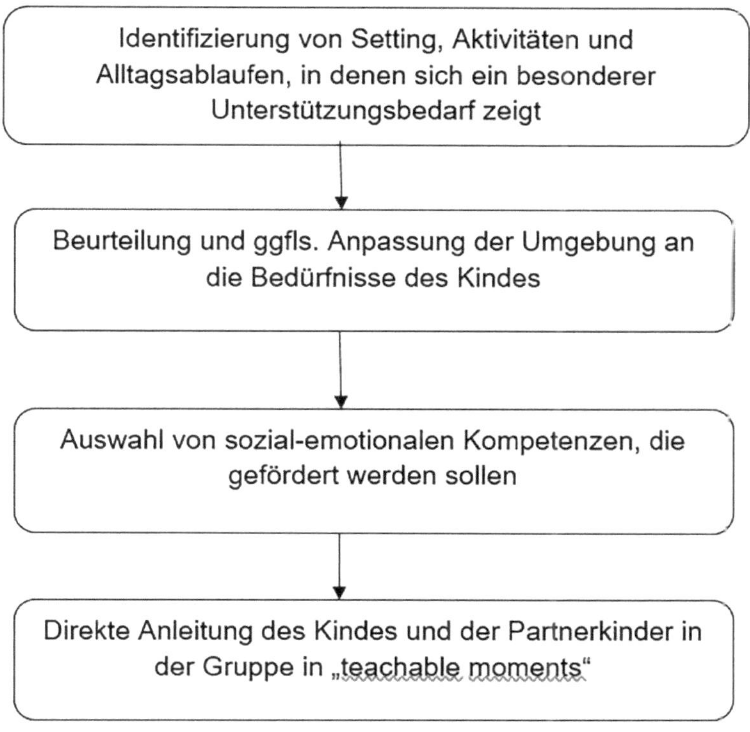

Abb. 13 Planungsschritte bei der Förderung sozial-kommunikativer Kompetenzen im Alltag

Diese alltagsintegrierte Anleitung kann durch spezielle Lernarrangements in Kleingruppen ergänzt werden. Generell ist es für blinde Kinder leichter, sich an Aktivitäten in Kleingruppen zu beteiligen, weil sie dann eher den Überblick über die verfügbaren Spielmaterialien und die Tätigkeiten der anderen Kinder behalten.

In diesem Rahmen können z.B. Themen für Rollenspiele ausgewählt werden wie Einkaufen, Arztbesuch oder Geburtstagsfeier. Für jedes dieser Themen werden dann die Beiträge jedes Spielpartners wie bei einem Drehbuch festgelegt und mit den Kindern eingeübt. Das blinde Kind erhält dabei zunächst eine Führung („Hand-auf-Hand") durch die pädagogische Fach- oder eine Assistenzkraft, so dass es sich erfolgreich beteiligen und eine Rolle übernehmen kann („script training"). Die Hilfe wird dann systematisch reduziert.

Die soziale Teilhabe kann darüber hinaus durch Maßnahmen gefördert werden, die sich nicht an das blinde Kind selbst, sondern an die anderen Kinder der Gruppe richten („peer-mediated interventions").

Für das Vorschulalter entwickelten Goldstein et al. (1992, 1997) z.B. ein Konzept mit dem Titel „Teaching buddy skills to preschoolers". Dabei werden Kinder ausgewählt, denen die pädagogische Fachkraft die Rolle eines aktiven „Buddy" zutraut und die Interesse an einem Kontakt mit dem Kind haben, das noch über wenig soziale Kompetenzen verfügt. Zunächst werden diese Kinder auf die verschiedenen Möglichkeiten und Schwierigkeiten der Kommunikation und Interaktion mit einem blinden Kind vorbereitet. Dann werden sie dazu angehalten, in unterschiedlichen Situationen von sich auf das Kind zuzugehen, mit ihm zu sprechen und zu spielen („Stay – play – talk"), auch wenn das Kind zunächst nicht oder nur begrenzt auf diese Kontaktangebote einzugehen vermag. Sie unterstützen es beim Umgang mit Spielmaterialien, Gruppen- und Regelspielen, gemeinsamen Mahlzeiten oder Aktivitäten im Außengelände des Kindergartens. Die Partnerkinder erhalten ihrerseits laufend Anregungen von der pädagogischen Fachkraft, wie sie die Teilhabe des blinden Kindes fördern können.

Eine Studie von D'Allura (2002) spricht für die Wirksamkeit solcher Strategien zur Förderung der sozialen Teilhabe blinder Kinder in integrativen Kindertagesstätten. Sie videografierte die sozialen Interaktionen von 13 blinden und sehbehinderten Kindern über einen Zeitraum von 30 Tagen (ungefähr 30 Minuten am Tag). Acht Kinder besuchten einen integrativen Kindern, fünf Kinder eine Sondereinrichtung. Im integrativen Kindergarten wurden die Kinder gezielt zu kooperativem Spiel angeleitet. Während beide Teilgruppen vor Beginn der Intervention nur etwa 5% der Beobachtungszeit im Kontakt mit anderen Kindern waren, hatte sich die Häufigkeit von sozialen Kontakt im integrativen Setting nach drei Monaten deutlich erhöht und entsprach der Häufigkeit der sozialen Kontakte der Kinder in der Gruppe, bei denen keine visuelle Beeinträchtigung vorlag.

Konsultative Beratung durch die Frühförderstelle

Die Aufnahme eines blinden Kindes in einen allgemeinen Kindergarten setzt obligatorisch die Zusammenarbeit der pädagogischen Fachkräfte mit einer Frühförderstelle für blinde und sehbehinderte Kinder voraus. Im Einzelnen gehört es dabei zu den Aufgaben der Fachkräfte der Frühförderstelle:

- Informationen über die jeweilige Behinderung und spezifische Strategien zu vermitteln, die Lern- und Entwicklungsprozesse unterstützen
- praktische Empfehlungen zur Anpassung der Umgebung und der Gestaltung des Gruppengeschehens zu geben
- Vorschläge zur Verwendung von Spielmaterialien und Medien zu machen, die auf die besonderen Bedürfnisse blinder Kinder abgestimmt sind
- die Pädagoginnen und Pädagogen mit der Verwendung von Hilfsmitteln (z.B. dem Langstock) zur Unterstützung von Orientierung und Mobilität vertraut zu machen
- sie beim Umgang mit auffälligen Verhaltensweisen des Kindes zu unterstützen
- für eine kooperative Zusammenarbeit zwischen den pädagogischen Kräften in der Gruppe und den Eltern zu sorgen
- Eltern und Pädagoginnen bzw. Pädagogen bei Fragen zu den weiteren Entwicklungsperspektiven des Kindes (z.B. bei der Wahl einer geeigneten Schulform) zu beraten

Die Eltern und Fachkräfte der Frühförderstelle sollten in einem gemeinsamen Gespräch zunächst die Erzieherinnen in der Gruppe über die besonderen Bedürfnisse des Kindes informieren. Dabei geht es sowohl darum, Verständnis für den spezifischen Unterstützungsbedarf unter den Bedingungen einer Blindheit zu wecken, als auch darum, die Fähigkeiten zur Orientierung und Mobilität in der Umwelt, Kognition und lebenspraktischen Kompetenzen zu beschreiben, die das Kind bereits mitbringt. Nach der Aufnahme des Kindes in die Gruppe sollten regelmäßige Besuche der Fachkraft der Frühförderstelle vereinbart werden, in denen die soziale Teilhabe des Kindes beobachtet wird und die Fachkräfte der Gruppe beraten werden, wie sie seine soziale Teilhabe unterstützen können.

Es ist wichtig, dass die Fachkräfte in der Kindertagesstätte verstehen, dass für blinde und sehende Kinder die gleichen sozialen Verhaltensregeln gelten müssen. Sie sollten z.B. ebenso einzelne Aufgaben in der Gruppe erhalten (Gießen von Blumen, Übermittlung von Nachrichten ins Büro etc.) wie die Kinder mit unbeeinträchtigtem Sehvermögen und – mit entsprechenden Hilfen - auch zur Beteiligung an Bewegungsaktivitäten im Außenbereich der Kindertagesstätte (z.B. Dreiradfahren, Springen auf dem Trampolin oder Klettern) ermutigt werden.

Damit sich blinde Kinder in den Räumen des Kindergartens gut orientieren können, helfen taktil erfassbare Markierungen im Gruppenraum und eine verbindliche räumliche Gliederung, welche Aktivitäten (z.B. Rollenspiele, Spiel mit Baumaterialien) an welchem Platz stattfinden. Neue Materialien und Spielaktivitäten sollten für blinde Kinder zunächst einzeln eingeführt werden, weil dafür wesentlich mehr Zeit erforderlich als für die anschließende Einführung in der gesamten Gruppe.

An den konsultativen Beratungsgesprächen sollten in regelmäßigen Abständen auch die Eltern des Kindes beteiligt werden. Es ist wichtig, ihre Erwartungen an die Mitarbeiter in der Kindertagesstätte zu klären. Die Eltern sind aus der Frühförderung gewohnt, dass Ziele und Strategien der Förderung auf ihr Kind individuell abgestimmt werden, und müssen verstehen, dass die Aufnahme in die Gruppe nicht die gezielte Förderung einzelner Kompetenzen im Bereich der taktilen Wahrnehmung, der kognitiven Entwicklung, der Fähigkeiten zur Orientierung und Mobilität sowie der Vorbereitung auf den Schriftspracherwerb ersetzen kann.

Die Eltern müssen wissen, dass die Kernaufgabe der pädagogischen Fachkräfte bei der Aufnahme eines blinden Kindes die Unterstützung der sozialen Teilhabe am Gruppengeschehen ist. Anregungen zur Förderung der Wahrnehmung, Kognition und Sprache können in die Aktivitäten in der Gruppe „eingebettet“ werden. Eine begleitende Förderung durch eine Fachkraft mit blindenspezifischer Expertise ist jedoch unbedingt erforderlich, um die Aneignung von Fähigkeiten blinder Kinder im Bereich der Orientierung und Mobilität sowie zur Vorbereitung auf den Schriftspracherwerb und den Schuleintritt systematisch zu unterstützen.

Die Fachkraft der Frühförderung sollte ihre Arbeit jedoch nicht auf die Begleitung in der Kindertagesstätte und die gezielte Förderung der Orientierung und Mobilität und die Vorbereitung auf künftige schulische Anforderungen beschränken. Im Sinne eines familienorientierten Konzepts braucht es weiterhin regelmäßige Hausbesuche, in denen die Förderung des Kindes im familiären Alltag geplant und die eigenen Sorgen und Belastungen der Eltern besprochen werden können. Es ist zu empfehlen, dass die Fachkraft der Frühförderung ihre Termine so organisiert, dass jeder zweite Termin zu Hause stattfindet. Eltern, die in Teil- oder Vollzeit berufstätig sind, müssen sich darauf einstellen, auch weiterhin Termine mit der Frühförderkraft im Rahmen der üblichen Dienstzeiten zu vereinbaren.

Vielfach wird die Aufnahme eines blinden Kindes in eine Kindertagesstätte mit der Zuweisung und Finanzierung einer Assistenzkraft als Integrationshilfe verbunden. Diese Assistenzkräfte haben in der Regel allerdings keine eigene pädagogische Ausbildung. Sie sind daher darauf angewiesen, Informationen über die Behinderung des Kindes und seinen Hilfebedarf sowie konkrete Anleitung zu erhalten, wie sie es bei der Bewältigung sozialer Anforderungen im Gruppenalltag wirksam unterstützen können. Diese Aufgabe muss von der Fachkraft der Frühförderstelle zusammen mit den Gruppenpädagoginnen und -pädagogen übernommen werden.

Die Erfahrungen mit dem Konzept der Integrationshelfer sind unterschiedlich. Während Eltern sich durchweg positiv äußern, sehen einige Pädagoginnen und Pädagogen die Gefahr, dass das Kind durch die Begleitung eines Integrationshelfers in den Augen der anderen Kinder in eine Sonderrolle gedrängt und als weniger „verfügbar" als Spielpartner gesehen werde. Andere erwarten von den Integrationshelfern nur die direkte Unterstützung des Kindes im Gruppenalltag, ohne dass sie in die pädagogische Planung und Förderung insgesamt einbezogen werden.

Für eine erfolgreiche Beteiligung eines Integrationshelfers ist es unerlässlich, dass die Erzieherinnen der Gruppe und die Assistenzkraft zu einer engen Zusammenarbeit finden. Die Tagesplanung, die Situationen, in denen ein besonderer Hilfebedarf des Kindes zu erwarten ist, und ein geeignetes pädagogisches Vorgehen müssen besprochen und laufend angepasst werden.

Unbedingt vermieden werden muss, dass das Assistenzverhältnis zu einer 1:1-Betreuung wird, d.h. dass das Kind mit besonderem Förderbedarf vorwiegend im Kontakt mit der/m Integrationshelfer/-in ist und damit eine Sonderposition abseits vom Gruppengeschehen erhält. Das Ziel der Maßnahme ist die intensive Unterstützung der sozialen Beteiligung am Gruppengeschehen, die dann schrittweise ausgeblendet werden kann, so dass die soziale Partizipation nach einer längeren Zeit auch ohne zusätzliche Assistenz gelingt. In diesem Sinne ist der Erfolg einer solchen Maßnahme daran zu messen, dass sich der/die Integrationshelfer/-in mit der Zeit selbst „überflüssig" macht.

*** Ein Blick in die Forschung: Zufriedenheit mit der konsultativen Beratung aus Sicht der Fachkräfte der Frühförderung

Lang, M., Sarimski, K. & Hintermair, M. (2018):

Kooperation von Kindergarten und Frühförderung bei der inklusiven Begleitung blinder und sehbehinderter Kinder

Eine empirische Erhebung aus Sicht der Frühförderung

Blind-sehbehindert, 138, 7-21

In einer Studie wurden 118 Frühförderinnen mit einem Fragebogen zu ihrer Zufriedenheit mit der Zusammenarbeit mit den Kindergärten befragt. Es zeigt sich insgesamt ein hohes Maß an Zufriedenheit, insbesondere was das Interesse des Kindergartens an der Kooperation sowie die Beziehung zwischen den Kooperationspartnern angeht.

Kritisch angemerkt wird, dass nicht immer ausreichend Zeit für die anfallenden Aufgaben in der Kooperation zur Verfügung steht, dass sehbehinderten- und blindenspezifische Aspekte der Förderung noch intensiver realisiert werden sollten und dass die Förderung der Interaktionen und sozialen Beziehungen zwischen blinden oder sehbehinderten Kindern und den anderen Kindern der Gruppe vermehrt in den Blick genommen werden muss.

Literatur

Absoud, M., Parr, J., Salt, A. & Dale, N. (2010). Developing a schedule to identify social communication difficulties and autism spectrum disorder in young children with visual impairment. Developmental Medicine and Child Neurology, 53, 285-288.

Alon, L, Cohen Ophir, M., Cohen, A. & Tirosh, E. (2010). Regulation disorders among children with visual impairment a controlled study. Journal of Developmental and Physical Disabilities, 22, 57-64.

Anderson, E., Dunlea, A. & Kekelis, L. (1984). Blind children's language: resolving some differences. Journal of Child Language, 11, 645-664.

Anderson, S., Boigon, S., Davis, K., DeWaard, C. (2007). The Oregon project for preschool children who are blind or visually impaired. 6th ed. Medford/OR: Southern Oregon Education Service District.

Andrews, R. & Wyver, S. (2005). Autistic tendencies: Are there different pathways for blindness and autism spectrum disorder? The British Journal of Visual Impairment, 23, 52-57.

Anthony, T. (2004). Individual Sensory Learning Profile. Chapel Hill: University of North Carolina.

Anthony, T. (2017). Early childhood interventions. In M.C. Holbrook, C. Kamei-Hannan & T. McCarthy (Eds.), Foundations of education. Volume II: Instructional strategies for teaching children and youths with visual impairments (285-308). Third edition. New York: AFB Press. .Bailey, D., Hebbeler, K., Olmsted, M., Raspa, M. & Bruder, M. (2008). Measuring family outcomes. Considerations in large-scale data collection in early intervention. Infants & Young Children, 23, 194-206.

Baird, S., Mayfield, P. & Baker, P. (1997). Mothers' interpretations of the behavior of their infants with visual and other impairments during interactions. Journal of Visual Impairment & Blindness, 91, 467-483.

Beelmann, A. & Brambring, M. (1998). Implementation and effectiveness of a home-based early intervention program for blind infants and preschoolers. Research in Developmental Disabilities, 19, 225-244.

Begeer, S., Dik, M., voor de Wind, M., Asbrock, D., Brambring, M. & Kef, S. (2014). A new look at theory of mind in children with ocular and ocular-plus congenital blindness. Journal of Visual Impairment and Blindness, 17-27.

Behl, D., Akers, J. F., Boyce, M. J., & Taylor, M. J. (1996). Do mothers interact differently with children who are visually impaired? Journal of Visual Impairment & Blindness, 90, 501-511.

Bigelow, A. (1986). The development of reaching in blind children. British Journal of Developmental Psychology. 4, 355-366.

Blackburn, C. & Carpenter, B. (2012). Engaging young children with complex learning difficulties and disabilities. Eye, 14, 38-44.

Blind-sehbehindert (2008). Themenheft: Abenteuer Grundschule. Integrative Beschulung blinder Kinder. Blind-sehbehindert, 128 (3).

Bradley-Johnson, S., Johnson, M., Swanson, J. & Jackson, A. (2004). Exploratory behavior: a comparison of infants who are congenitally blind and infants who are sighted. Journal of Visual Impairment & Blindness, 496-502.

Brailleschriftkommission der deutschsprachigen Länder (BSKDL) (Hrsg.) (2018). Das System der deutschen Blindenschrift. Nach den Beschlüssen vom 14. November 2015 in Frankfurt a.M., Deutsche Blindenstudienanstalt e.V.: Marburg.

Brambring, M. (1989). Bielefelder Entwicklungstest für blinde Klein- und Vorschulkinder. Würzburg: Edition bentheim.

Brambring, M. (1999a). Entwicklungsbeobachtung und –förderung blinder Klein- und Vorschulkinder. Handbuch. Würzburg: Edition bentheim.

Brambring, M. (1999b). Entwicklungsbeobachtung und -förderung blinder Klein- und Vorschulkinder. Arbeitshefte. Würzburg: Edition bentheim.

Brambring, M. (2000). „Lehrstunden" eines blinden Kindes. 2. Aufl. München: Reinhardt.

Brambring, M. (2001). Integration of children with visual impairment in regular preschools. Child: Care, Health and Development, 27, 425-438.

Brambring, M. (2005). Divergente Entwicklung blinder und sehender Kinder in vier Entwicklungsbereichen. Zeitschrift für Entwicklungspsychologie und Pädagogische Psychologie, 37, 173-183.

Brambring, M. (2006). Divergent development of gross motor skills in children who are blind or sighted. Journal of Visual Impairment & Blindness, 100, 620-634.

Brambring (2007a): Entwicklungsbeobachtung und -förderung blinder Klein- und Vorschulkinder. Handbuch. 2. Aufl. Würzburg: Edition bentheim.

Brambring, M. (2007b). Divergent development of manual skills in children who are blind or sighted. Journal of Visual Impairment & Blindness, 101, 212-225.

Brambring, M. (2007c). Divergent development of verbal skills in children who are blind or sighted. Journal of Visual Impairment & Blindness, 101, 749-762.

Brambring, M. & Tröster, H. (1992). On the stability of stereotyped behaviors in blind infants and preschoolers. Journal of Visual Impairment and Blindness, 86, 105-110.

Brambring, M. & Asbrock, D. (2010). Validity of false belief tasks in blind children. Journal of Autism and Developmental Disorders, 40, 1471-1484.

Campbell, J. (2007). Understanding the emotional needs of children who are blind. Journal of Visual Impairment & Blindness, 351-355.

Celeste, M. & Grum, D. (2010). Social integration of children with visual impairment: A developmental model. Elementary Education Online, 9, 11-22.

Chen et al. (1995). VIISA: Resources for family centered intervention for infants, toddlers, and preschoolers who are visually impaired"

Chen, D. (2014). Essential elements in early intervention. 2nd ed. New York: AFB Press.

Chen, D. & Dote-Kwan, J. (2018). Promoting emergent literacy skills in toddlers with visual impairments. Journal of Visual Impairment & Blindness, 542-550.

Crocker, A. & Orr, R. (1996). Social behaviors of children with visual impairments enrolled in preschool programs. Exceptional Children, 62, 451-461.

Dale, N. & Sonksen, P. (2002). Developmental outcome, including setback, in young children with severe visual impairment. Developmental Medicine and Child Neurology, 52, 613-622.

Dale, N. & Salt, A. (2007). Early support developmental journal for children with visual impairment: the case for a new developmental framework for early intervention. Child: Care, Health and Development, 33, 684-690.

Dale, N., Tadic, V. & Sonksen, P. (2013). Social communicative variation in 1-3 year olds with severe visual impairment. Child: Care, Health and Development, 40, 158-164.

Dale, N., Sakkalou, E., O'Reilly, M., Springall, C., Sakki, H., Glew, S., Pissaridou, E., De Haan, M. & Salt, A. (2018). Home-based early intervention in infants and young children with visual impairment using the Developmental Journal: longitudinal cohort study. Developmental Medicine & Child Neurology, 23.11.18 (first published)

D'Allura, T. (2002). Enhancing the social interaction skills of preschoolers with visual impairments. Journal of Visual Impairment & Blindness, 576-584.

Dammeyer, J. & Larsen, F. (2016). Communication and language profiles of children with congenital deafblindness. British Journal of Visual Impairment, 34, 214-224.

Dempsey, I. & Keen, D. (2008). A review of processes and outcomes in family-centered services for children with a disability. Topics in Early Childhood Special Education, 28, 42-52.

Dote-Kwan, J., Chen, D. & Hughes, M. (2001). A national survey of service providers who work with young children with visual impairments. Journal of Visual Impairment & Blindness, 325-337

Dote-Kwan, J. (1995). Impact of mothers' interactions on the development of their young visually impaired children. Journal of Visual Impairment & Blindness, 89, 46-58.

Dote-Kwan, J., Hughes, M. & Tylor, S. (1997). The impact of early experiences on the development of young children with visual impairments: Revisited. Journal of Visual Impairment & Blindness, 91, 131-144.

Dote-Kwan, J. & Chen, D. (2010). Temperament and young children with visual impairments: Perceptions of Anglo and Latino parents. Journal of Visual Impairment & Blindness, 104, 542-553.

Dunlea, A. (1989).Vision and the emergence of meaning: Blind and sighted children's early language.Cambridge, UK:Cambridge University Press.

Ely, M. (2014). Effective strategies for preschool peer group entry: Considered applications for children with visual impairments. Journal of Visual Impairment & Blindness, 287-297.

Ely, M. & Ostrosky, M. (2018). Applying the foundational concepts from early intervention to services provided to young children with visual impairments: A literature review. Journal of Visual Impairment & Blindness, 112, 225-238.

Ely, M., Gullifor, K. & Hollinshead, T. (2017). Family-centered early intervention visual impairment services through matrix session planning. Journal of Visual Impairment and Blindness, 169-174.

Erickson, K. & Hatton, D. (2007). Literacy and visual impairment. Seminars ins Speech and Language, 28, 58-68.

Erwin, E. (1993). Social participation of young children with visual impairments in specialized and integrated environments. Journal of Visual Impairment & Blindness, 138-142.

Ferrell, (1998). Project PRISM: A national longitudinal study of the early development of children who are visually impaired.

Ferrell, K. (2011): Reach out and teach: Helping your child who is visually impaired learn and grow. New York: AFB Press.

Fraiberg, S. (1977). Insights from the blind: Comparative studies of blind and sighted infants. New York: Basic Books.

Goldstein, H., Kaczmarek, L., Pennington, R. & Shafer, K. (1992). Peer-mediated intervention: attending to, commenting on, and acknowledging the behavior of preschoolers with autism. Journal of Applied Behavioral Analysis, 25, 289-305.

Goldstein, H., English, K., Shafer, K. & Kaczmarek, L. (1997). Interaction among preschoolers with and without disabilities: Effects of across-the-day peer intervention. Journal of Speech, Language, and Hearing Research, 40, 33-48.

Greeley, J.C. & Doyle McCall, M. (2018). Teaching life differently. The Expanded Core Curriculum for babies and young children with visual impairments. Watertown: Perkins School for the Blind.

Griffin-Shirley, N. & Trusty, S. (2017). Orientation and mobility. In M.C. Holbrook, C. Kamei-Hannan & T. McCarthy (Eds.), Foundations of education. Volume II: Instructional strategies for teaching children and youths with visual impairments (654-698). Third edition, New York: AFB Press.

Grimm, H. & Doil, H. (2006). Elternfragebogen für die Früherkennung von Risikokindern. 2. überarbeitete und erweiterte Auflage. Göttingen: Hogrefe.

Guralnick, M. (2011). Why early intervention works. A systems perspective. Infants & Young Children, 24, 6-28.

Guralnick, M. (2019). Effective early intervention. The Developmental Systems Approach. Paul Brookes: Baltimore.

Hancock, K., Wilgosh, L. & McDonald, L. (1990). Parenting a visually impaired child: The mother's perspective. Journal of Visual Impairment & Blindness, 84, 411-413.

Hatton, D., Bailey, D., Burchinal, M. & Ferrell, K. (1997). Development growth curves of preschool children with vision impairments. Child Development, 68, 788-806.

Hatton, D., Schwietz, E., Boyer, B. & Rychwalski, P. (2007). Babies count: The national registry for children with visual impairments, birth to 3 years. Journal of AAPOS, 11, 351-355.

Hatton, D., Ivy, S. & Boyer, C. (2013). Severe visual impairments in infants and toddlers in the United States. Journal of Visual Impairment & Blindness, 325-336.

Hatton, D., Chen, D., Snyder, D., Smyth, C., Greeley, K., Anthony, T. & Dewald, H. (2018). Family centered practices for infants and toddlers with visual impairments. Position paper of the Division on Visual Impairments and Deafblindness. Council for Exceptional Children: Arlington/VA.

Hecker, W. (2004). Warum eine spezielle Frühförderung für sehgeschädigte Kinder? Blind-sehbehindert, 124, 3-13.

Hergert, A. & Hofer, U. (2011): Förderung Lebenspraktischer Fähigkeiten (LPF). In M. Lang, U. Hofer & F. Beyer (Hrsg.), Didaktik des Unterrichts mit blinden und hochgradig sehbehinderten Schülerinnen und Schülern. Band 2: Fachdidaktiken (253-259). Stuttgart: Kohlhammer.

Herrera, R. (2015). Communication profiles of children with profound visual impairment and their caregivers. Unpublished dissertation. San Diego: UCLA.

Hintermair, M., Sarimski, K. & Lang, M. (2012). Familienorientierte Frühförderung blinder und sehbehinderter Kinder – längsschnittliche Ergebnisse einer Befragung von Eltern. Blind-sehbehindert, 132, 1, 6-19

Hintermair, M. & Sarimski, K. (2015). Frühförderung hörgeschädigter Kinder. Heidelberg: Median.

Hintermair, M. & Sarimski, K. (2018). Erfahrungen von Vätern mit jungen hörgeschädigten Kindern. Hörgeschädigtenpädagogik, 72, 134-149.

Hobson, R., Lee, A. & Brown, R. (1999). Autism and congenital blindness. Journal of Autism and Developmental Disorders, 29, 45-56.

Hobson, R. & Lee, A. (2010). Reversible autism among congenitally blind children? A controlled follow-up study. Journal of Child Psychology and Psychiatry, 51, 1235-1241.

Hofer, U., Lang, M., Winter, F., Schweizer, M., Hallenberger, A. & Laemers, F. (2019). Lese- und Schreibkompetenzen von Braille Lesenden. Forschungsergebnisse aus dem Projekt "Zukunft der Brailleschrift". Blind-sehbehindert, 139, 7-26.

Hölscher, U. (2018). O&M? - Echoortung? - Klick-Echoortung/Klicksonar? Was nun eigentlich? - Und wieso überhaupt? - Und wer eigentlich? Blind-sehbehindert, 138, 22-33.

Holbrook, M.C., D'Andrea, F.M. & Wormsley, D.P (2017a). Literacy skills. In M.C. Holbrook, C. Kamei-Hannan & T. McCarthy(Eds.), Foundations of education. Volume II: Instructional strategies for teaching children and youths with visual impairments (374-329). Third edition, AFB Press: New York.

Hughes, M., Dote-Kwan, J. & Dolendo, J. (1999). Characteristics of maternal directiveness and responsiveness with young children with visual impairments. Child: Care, Health and Development, 25, 285-298.

Kekelis, L. & Andersen, E. (1984). Family communication styles and language development. Journal of Visual Impairment & Blindness, 78, 54-65.

Kekelis, L. & Prinz, P. (1996). Blind and sighted children and their mothers: the development of discourse skills. Journal of Visual Impairment & Blindness, 90, 423-434.

Kish, D. (2015). Bilder im Kopf. Klick-Echoortung für blinde Menschen. Würzburg: dition Bentheim.

Klein, D., Chen, D. & Haney, M. (2000): PLAI – Promoting Learning Through Active Interaction. A Guide to Early Communication with Young Children Who Have Multiple Disabilities. Paul Brookes, Baltimore.

Koglin, U. & Petermann, F. (2016). Verhaltensskalen für das Kindergartenalter. Göttingen: Hogrefe.

Lang, M. (2017). Wahrnehmungsförderung und Begriffsbildung als fächerübergreifende Prinzipien des Unterrichts mit blinden und hochgradig sehbehinderten Kindern und Jugendlichen. In Lang, M., Hofer, U. & Beyer, F., Didaktik des Unterrichts mit blinden und hochgradig sehbehinderten Schülerinnen und Schülern, Band 1: Grundlagen (228-275). 2., überarbeitete Aufl. Stuttgart: Kohlhammer.

Lang, M. (2014). Taktile Bilderbücher für blinde Kinder: theoretische Grundlagen. Blind-sehbehindert 134, 113-118.

Lang, M. (2013): Auf der Taststraße zur Punktschrift. Fördermaterialien zur Vorbereitung blinder Kinder auf das Lesen der Brailleschrift (3. Auflage). Hannover: Deutscher Hilfsmittelversand.

Lang, M. (2011). Lesen und Schreiben. In M. Lang, U. Hofer & F. Beyer (Hrsg.), Didaktik des Unterrichts mit blinden und hochgradig sehbehinderten Schülerinnen und Schülern. Band 2: Fachdidaktiken (15-60). Stuttgart: Kohlhammer.

Lang, M. (2003). Haptische Wahrnehmungsförderung mit blinden Kindern. Möglichkeiten der Hinführung zur Brailleschrift. Regensburg: Roderer.

Lang, M., Keesen, E. & Sarimski, K. (2015a). Prävalenz von Taubblindheit und Hörsehbehinderung im Kindes- und Jugendalter. Zeitschrift für Heilpädagogik, 66, 142-150.

Lang, M., Keesen, E. & Sarimski, K. (2015b). Kinder mit Taubblindheit und Hörsehbehinderung. Wie steht es um ihre Versorgung in der Frühförderung? Frühförderung interdisziplinär, 34, 194-205

Lang, M., Sarimski, K. & Hintermair, M. (2016). Sozial-emotionale Kompetenzen von Kleinkindern mit einer Sehschädigung aus Sicht der Eltern. Blind-sehbehindert, 136, 1, 8 – 18

Lang, M., Sarimski, K. & Hintermair, M. (2018). Kooperation von Kindergarten und Frühförderung bei der inklusiven Begleitung blinder und sehbehinderter Kinder

Eine empirische Erhebung aus Sicht der Frühförderung. Blind-sehbehindert, 138, 7-21

Leyser, Y., Heinze, A. & Kapperman, G. (1996). Stress and adaptation in families of children with visual disabilities. Families in Society: The Journal of Contemporary Human Services, 240-249.

Leyser, Y. & Heinze, T. (2001). Perspectives of parents of children who are visually impaired: Implications for the field. RE: view, 33, 37-48.

Loots, G., Devise, I. & Sermijn, J. (2003). The interaction between mothers and their visually impaired infants: An intersubjective developmental perspective. Journal of Visual Impairment & Blindness, 97, 403-417.

Ly, A. & Goldberg, W. (2014). New measure for fathers of children with developmental challenges. Journal of Intellectual Disability Research, 58, 471-484.

Mayr, T., Bauer, C., Krause, M., Kruse, C. & Schnirch, C. (2014). KOMPIK. Kompetenzen und Interessen von Kindern. Handbuch (überarbeitete Fassung). Gütersloh: Bertelsmann Stiftung.

McAlpine, L. & Moore, C. (1995). The development of social understanding in children with visual impairments. Journal of Visual Impairment and Blindness, 89, 349-358.

McConachie, H. & Moore, V. (1994). Early expressive language of severely visually impaired children. Developmental Medicine & Child Neurology, 36, 230-240.

McWilliam, R. (2010). Working with families of young children with special needs. New York: Guilford Press.

McWilliam, R. (2012). Implementing and preparing for home visits. Topics in Early Childhood Special Education, 31, 224-231.

Millar, S. (1997). Reading by touch. London, New York: Routledge.

Mills, A. (1988). Language acquisition in the blind child: normal and deficient. London: Croom Helm.

Moeller, M.P., Carr, G., Seaver, L., Stredler-Brown & Holzinger, D. (2013). Best practices in family-centered early intervention for children who are deaf or hard of hearing: An international consensus statement. Journal of Deaf Studies and Deaf Education, 18, 429-445.

Mohrlock, K. (2016). Die Situation der Frühförderung sehgeschädigter Kinder in Deutschland 2016. Heidelberg: Unveröffentlichte Examensarbeit.

Moore, V. & McConachie, H. (1994). Communication between blind children and severely visually impaired children and their parents. British Journal of Developmental Psychology, 12, 491-502.

Mosca, R., Kritzinger, A. & Van der Linde, J. (2015). Language and communication development in preschool children with visual impairment: A systematic review. South African Journal of Communication Disorders, 62, 1-10.

Mulford, R. (1988). First words of the blind child. In M. Smith & J. Locke (Eds.) the emergent lexicon: the child's development of a linguistic vocabulary (pp. 293-338). New York, Academic Press.

Murphy, J., Hatton, D. & Erickson, K. (2008). Exploring the early literacy practices of teachers of infants, toddlers, and preschoolers with visual impairments. Journal of Visual Impairment & Blindness, 133-146.

Nielsen, L. (1992). Bist Du blind? Entwicklungsförderung sehgeschädigter Kinder. Würzburg: Edition Bentheim.

Nielsen, L. (2002): Beobachtungsbogen für mehrfachbehinderte Kinder. Edition Bentheim: Würzburg.

Olsen (1983). A study of exploratory behavior of legally blind and sighted preschoolers. Exceptional Children, 50, 130-138.

Ophir-Cohen, M., Ashkenazy, E., Cohen, A. & Tirosh, E. (2005). Emotional status and development in children who are visually impaired. Journal of Visual Impairment & Blindness, 99, 478-485.

Parr, J., Dale, N. Shaffer, L. & Salt, A. (2010). Social communication difficulties and autism spectrum disorder in young children with optic nerve hypoplasia and/or septo-optic dysplasia. Developmental Medicine & Child Neurology, 52, 917-921.

Perez-Pereira, M. & Castro, J. (1992). Pragmatic functions of blind and sighted children's language: A twin case study. First Language, 12, 17-37.

Perez-Pereira, M. & Conti-Ramsden, G. (2005) Do blind children show autistic features? In L. Pring (ed.). Autism and blindness: Current findings and reflections (99-123). London: Whurr.

Pijnacker, J., Vervloed, M. & Steenbergen, B. (2012). Pragmatic abilities in childrenwith congenital visual impairment: an exploration of non-literal language and advanced theory of mind understanding. Journal of Autism and Developmental Disorders, 42, 2440-2449.

Pfahl, N. & Sarimski, K. (2015). Wortschatz blinder Kleinkinder. Blind-sehbehindert, 136, 273-279

Preisler, G. (1993). A descriptive study of blind children in nurseries with sighted children. Child: care, health and development, 19, 295-315.

Pogrund, R. & Fazzi, D. (2002). Early Focus. Working with young children who are blind or visually impaired and their families. New York: AFB Press.

Rahi, J., Cable, N. et al. (2003). Severe visual impairment and blindness in children in the UK. The Lancet, 362, 1359-1365.

Rahi, J., Cumberland, P. & Peckham, C. (2010). Improving detection of blindness in childhood: the British Childhood Vision Impairment Study. Pediatrics, 126, e895-e903.

Reynell, J. (1978). Developmental patterns of visually handicapped children. Child: care, health and development, 4, 291-303.

Reynell, J. (1979). Manual for the Reynell-Zinkin Developmental Scales for Young Visually Handicapped Children – Part 1. Mental Development. Windsor: NFER-Nelson.

Risch, A., Caesar, I. & Sarimski, K. (2010) . Familienbezogene Lebensqualität bei Kindern blinder Kinder – eine Befragung von Müttern in Frühförderstellen. Blind-sehbehindert, 130, 4, 224-231

Rodbroe, I., Janssen, M. & Souriau, J. (2014). Kommunikation und angeborene Taubblindheit (Booklet I – IV). Würzburg: Edition Bentheim / Stiftung St. Franziskus, Heiligenbronn.

Rogers, S. J., & Puchalski, C. B. (1988). Development of object permanence in visually impaired infants. Journal of Visual Impairment & Blindness, 82(4), 137-142

Röpke, B. (2016). Einfach leichter. Modifikation und Adaption von Hilfsmitteln zur Durchführung alltagspraktischer Fertigkeiten für Menschen mit beeinträchtigtem Sehen. Würzburg: Edition Bentheim.

Rowland, C. (1983). Patterns of interaction between three blind infants and their mothers. In A. Mills (Ed.), Language acquisition in the blind child: normal and deficient (114-132). Kent: Croom Helm.

Rowland, C. (2004). Communication matrix. Oregon Health and Science University. (http://documents.nationaldb.org/products/Parent-Comm-Matrix-Final.pdf).

Rowland, C. (2013). Handbook: Online communication matrix. Oregon Health and Science University. (https://www.communicationmatrix.org/uploads/pdfs/handbook.pdf).

Sacks, S. & Wolffe, K. (2006): Teaching social skills to students with visual impairments. From theory to practice. New York: AFB Press.

Sakkalou, E., Sakki, H., O'reilly, M., Salt, A. & Dale, N. (2018). Parenting stress, anxiety, and depression in mothers with visually impaired infants: a cross-sectional and longitudinal cohort analysis. Developmental Medicine and Child Neurology, 60, 290-298.

Salt, A., Dale, N., Osborne, J. & Sonksen, P. (2018[2]): Developmental Journal for Babies and young Children with visual impairment. London: Great Ormond Street Hospital.

Sapp, W. (2001). Maternal perceptions of preverbal communication in children with visual impairments. RE: view, 33, 133-144.

Sarimski, K. (2010). Interaktion von Müttern mit blinden und hochgradig sehbehinderten Kleinkindern. Gemeinsamkeiten und individuelle Unterschiede. Blind-sehbehindert, 130, 80-87 und 154-160

Sarimski, K. (2013): Frühförderung in Baden-Württemberg. Unveröffentlichte Erhebung (Frühförderstelle Baden-Württemberg: Stuttgart)

Sarimski, K. (2017). Handbuch interdisziplinäre Frühförderung. München: Reinhardt.

Sarimski, K. (2019). Kinder mit Verhaltensauffälligkeiten in der Kita. Praxis-Know-How für Fachkräfte. Reinhardt: München.

Sarimski, K., Hintermair, M. & Lang, M. (2013). Familienorientierte Frühförderung von Kindern mit Behinderung. München: Reinhardt.

Sarimski, K. & Lang, M. (2017). Stereotypien bei blinden Kleinkindern. Blind-sehbehindert, 137, 90-93

Sarimski, K. & Lang, M. (2018). Praxis familienorientierter Arbeit. Frühförderung interdisziplinär, 123-133.

Sarimski, K. & Lang, M. (2019) Profil von kommunikativen, sozialen und motorischen Kompetenzen blinder Kinder. Eine explorative Untersuchung mit den

Vineland-Skalen. Vierteljahresschrift für Heilpädagogik und ihre Nachbargebiete, 88, 278-290.

Schellingerhout, R., Smitsman, A. W., & van Galen, G. P. (1997). Exploration of surface-textures in congenitally blind infants. Child: Care, Health and Development, 23, 247-264.

Skellenger, A., Rosenblum, B. & Jager, B. (1997). Behaviors of preschoolers with visual impairments in indoor play settings. Journal of Visual Impairment & Blindness, 91, 519-530.

Suchodoletz, W. v. & Sachse, S. (2009). SBE-2-KT. Sprachbeurteilung durch Eltern. Kurztest für die U7. https://www.ph-heidelberg.de/sachse-steffi/professur-fuer-entwicklungspsychologie/elternfrageboegen-sbe-2-kt-sbe-3-kt/sbe-2-kt.html)

Szagun, G., Stumper, B. & Schramm, S. (2009). Fragebogen zur frühkindlichen Sprachentwicklung im Altersbereich von 1 bis 2 Jahren (FRAKIS). Göttingen: Hogrefe.

Tadic, V., Pring, L. & Dale, N. (2009). Attentional processes in young children with congenital visual impairment. British Journal of Developmental Psychology, 27, 311-330.

The National Consortium on Deaf-Blindness (2013): The 2012 National Child Count of Children and Youth who are Deaf-Blind. Abgerufen (30.09.14): https://nationaldb.org/materials/home/11/national-child-count.

Tirosh, E., Schnitzer, M., Davidovitch, M. & Cohen, A. (1998). Behavioral problemsamong visually impaired between 6 months and 5 years. International Journal of Rehabilitation Research, 21, 63-70.

Trefz, A. & Sarimski, K. (2013). Kommunikativ-pragmatische Auffälligkeiten bei Kindern mit Sehschädigungen. Sprache-Stimme-Gehör, 37, 157-163

Tröster, H. (1999a). Belastungen von Müttern mit blinden und sehbehinderten Kindern im Vorschulalter. Heilpädagogische Forschung, 25, 159-173.

Tröster, H. (1999b). Sind die Geschwister behinderter oder chronisch krnaker Kinder in ihrer Entwicklung gefährdet? Ein Überblick über den Stand der Forschung. Zeitschrift für klinische Psychologie und Psychotherapie, 28, 160-176.

Tröster, H. (2001). Die Beziehung zwischen behinderten und nichtbehinderten Geschwistern. Zeitschrift für Entwicklungspsychologie und Pädagogische Psychologie, 33, 2-19.

Walthes, R. (2014). Einführung in die Pädagogik bei Blindheit und Sehbeeinträchtigung. 3., überarbeitete Aufl. München, Basel: Reinhardt.

Walthes, R., Cachay, K., Gabler, H. & Klaes, R. (1994). Gehen, Gehen, Schritt für Schritt ... Zur Situation von Familien mit blinden, mehrfachbehinderten oder sehbehinderten Kindern. Frankfurt: Campus.

Wanka, A. (2012). Diversität des frühen Dialogs hörsehbehinderter Säuglinge und Kleinkinder mit CHARGE-Syndrom. Heidelberg: Median.

Webster, A. & Roe, J. (1998). Children with Visual Impairments: Social interaction, language and learning. London: Routledge.

Wilder, J. & Granlund, M. (2003). Behaviour style and interaction between seven children with multiple disabilities and their caregivers. Child: Care, Health and Development, 29, 559-567.

Williams, M., Fink, C., Zamora, I. & Borchert, M. (2013). Autism assessment in children with optic nerve hypoplasia and other vision impairments. Developmental Medicine & Child Neurology, 56, 66-72.

Withagen, A., Vervloed, M., Janssen, N., Knoors, H. & Verhoven, L. (2009). The tactual profile: Development of a procedure to assess the tactual functioning of children who are blind. British Journal of Visual Impairment, 27, 221-238.

Withagen, A., Vervloed, M., Janssen, N., Knoors, H. & Verhoeven, L. (2010). Tactile functioning in children who are blind: A clinical perspective. Journal of Visual Impairment & Blindness, 43-53.

Wright, S. & Stratton, J.M. (2007). On the way to literacy. Early experiences for children with visual impairments. Second edition. Louisville: APH.